동정받기 싫지만
위로는 받고 싶어

동정받기 싫지만
위로는 받고 싶어

1쇄 인쇄 2021년 11월 26일
발행 2021년 12월 07일

지은이 김옥림
펴낸이 김순일
펴낸곳 미래문화사
신고번호 제2014-000151호
신고일자 1976년 10월 19일
주 소 경기도 고양시 덕양구 고양대로 1916번길 50 스타캐슬 3동 302호
전 화 02-715-4507 / 713-6647
팩 스 02-713-4805
이메일 mirae715@hanmail.net
홈페이지 www.miraepub.co.kr
블로그 blog.naver.com/miraepub

ISBN 978-89-7299-533-3 (03810)

가끔은 삶이 아프고 외롭게 할 때

동정받기 싫지만 위로는 받고 싶어

김옥림 감성에세이

미래문화사 MIRAE

목차

|프롤로그|

내 삶의 벤치에 앉아 푸른 하늘을 보다

하루하루가 너무도 빨리 지나갑니다. 시간의 속도가 점점 우리들의 삶을 뒤흔들어대고 있습니다. 어떤 때는 도무지 정신을 차릴 수 없을 정도입니다. 지금 무엇을 하고 있는지조차 모른 채 앞으로 가는 길밖에 없는 것처럼 너나 할 것 없이 숨가쁘게 달려가고 있습니다. 그러니 마음의 여유도 없이 점점 지쳐가는 사람들이 늘어갑니다.

왜 우리의 삶이 이렇게 되었을까 생각해 보았습니다. 아마도 마음의 고향을 잃어버렸기 때문이 아닐는지요. 오직 앞만 보고 달렸지 뒤를 돌아보는 여유를 상실한 채 남을 이기려고만 하는 일에 온 힘을 쏟습니다. 이것이 인간의 본성, 즉 마음의 고향을 잃게 만든 것입니다. 모든 목표를 물질에만 고정시키기 때문입니다. 물질이란 반드시 필요한 것이지만, 넘치다 보면 교만해지고 인간성을 잃게 되는 경우가 많습니다. 물질의 지배를 받게 되면 사람이 아니라 물질의 노예가 됩니다.

그래서 더 많은 물질을 손에 쥐려는 생각으로 해서는 안 될 일도 서슴지 않고 하게 됨으로서 자기만 아는 극단적 이기주의로 흐를 수 있습니다. 모든 것을 자기중심에 포커스를 맞추고 남이 어찌 되든 상관없이 나만 잘 먹고, 잘 입고, 잘되면 그만입니다. 이러한 경쟁사회는 교육에도 고스란히 이어져 교육의 참된 목적인 지, 덕, 체는 무시되고 초·중·고는 물론 대학도 온통 이기는 법만 가르치고 경쟁하는 법만 가르칩니다. 교사는 교사대로, 학생은 학생대로 지쳐 학교는 더 이상 학교로서의 역할을 못하고 있습니다. 이러한 풀기 힘든 사안들을 조정해야 할 '정치' 역시 좌우로 갈라져 만날 수 없는 평행선을 가고 있으니 안타까울 노릇입니다.

이러한 병폐가 우리의 삶을 건조하게 만들어 서로를 불신하게 하고, 경쟁하게 하고, 양보와 배려를 잊게 하고, 나만 아는 불합리적인 사람으로 만들고 있습니다. 이런 비효율적인 삶의 행태에서 벗어날 길은 '나를 돌아보는 것'입니다. 틈틈이 자신을 살펴 잘못된 것은 고치고, 소홀했던 것은 관심을 기울여, 잃어버린 마음의 고향을 되찾아야 합니다.

삶이 가끔은 아프고 외롭게 할 때 내 삶의 벤치에 앉아 푸른 하늘을 바라보는 여유를 느껴 보세요. 그리고 생각하는 시간을 가지세요. 나는 누구인가? 나는 지금 무엇을 하고 있는가? 과연 나는 지금 잘살고 있는 것인가? 나는 내가 원하는 길을 가고 있는가? 나는 의미 있는 인생인가를 스스로 고민해 보세요.

윌리엄 셰익스피어는 말했습니다.

"먼저 자신이 할 일은 자기 자신에게 진실해야 한다. 자신이 진실하지 않고 남이 자신에게 진실하길 바라는가."

또한 루소는 이렇게 말했습니다.

"오류로 가는 길은 수 없이 많다. 그러나 진실에 이르는 길은 단 하나이다."

자신에게 진실한 자만이 자신에게도, 타인에게도, 사회에도 진실할 수 있습니다. 진실에 이르는 길, 그것은 자신에게 진실할 수 있을 때에만 가능합니다.

잃어버렸던 마음의 진실을 성찰한다면 어떠한 장애물에 가로놓인다 할지라도 다 극복할 수 있습니다.

이 책은 자신을 돌아보게 함으로써 삶의 여유를 찾는 데 도움을 주고자 쓰였습니다. 30년 넘는 긴 세월 동안 글을 쓰면서, 사람들과 부대끼면서, 때론 지치고 힘들고 미치도록 외로울 때 깨닫고, 느끼고, 실천하고, 사색함으로써 건져 올린 삶의 소중한 생각들입니다.

저의 바람이 있다면 이 책이 지금보다 나은 자신을 살아가기 위해 노력하는 이들과 시련과 아픔 속에 빠져 길을 찾고 있는 이들과 무언가 의미 있는 자신을 원하는 이들에게 '희망의 불씨'가 되었으면 좋겠습니다. 반드시 그렇게 되리라 믿는 것 또한 저의 신념입니다. 그런 만큼 저의 바람이 실현되리라 믿으며 이 책을 대하는 모든 분들에게 행운이 함께 하길 두 손 모아 기원합니다.

김옥림

삶은
기쁨과 슬픔,
용서와 화해,
즐거움과 아픔이 늘 공존한다.

001

그런 사람이고 싶다

말없이 바라만 보아도
흐뭇해지는 사람이 있다
곁에 있는 것만으로도
위안이 되는 사람이 있다
웃어주는 것만으로도
마음이 풍요로워지는 사람이 있다
만날 때마다 처음 본 듯
상큼해지는 사람이 있다
만났다 돌아서는 순간
이내 그리워지는 사람이 있다
목소리만 들어도 불끈
힘이 솟는 사람이 있다
보면 볼수록 새록새록
정이 깊어가는 사람이 있다
내 가진 것 주고 또 주어도
자꾸만 주고 싶은 사람이 있다

누군가에게 이상이 되어 주는 사람
누군가가 앉아 쉴 수 있는
편안하고 안락한 의자 같은 사람
누군가의 인생에 무더운 한여름 낮
시원하게 쏟아져 내리는 단비 같은 사람
그런 사람이고 싶다

누구에게나 필요한 사람,
누구에게나 한결같은 사람,
그런 사람이 진정 '참사람'입니다.

002

오늘이란 말

나는 오늘이란 말이 참 좋습니다. 오늘이란 말속엔 신선하고 새로운 에너지가 가득 담겨져 있습니다. 그래서일까요. 책을 읽거나 길을 가다가도 오늘이란 단어를 보게 되면 기분이 상쾌해짐을 느낍니다.

모든 날들은 오늘을 시작으로 해서 이루어지고 이어나갑니다. 일주일의 시작도 오늘이며, 한 달의 시작도 오늘이고, 일 년의 시작도 오늘이고, 백 년의 시작도 오늘로부터 시작됩니다. 오늘은 과거와 현재, 내일과 미래를 열어주는 영원의 징검다리입니다. 따라서 오늘이 없다면 과거도 내일도 미래도 없습니다. 이처럼 오늘은 매우 중요한 지점입니다. 오늘이 탄탄하게 여물면 내일은 더욱 견고한 날을 맞을 것이지만, 오늘이 빈약하면 내일 또한 허술할 수밖에 없을 것입니다.

오늘은 어제와 내일을 이어주는 삶의 징검다리입니다.
오늘을 어떻게 보내느냐에 따라 미래는 결정됩니다.

003

감사하는 삶

아침에 눈을 뜨면 '아, 오늘도 아침을 맞이할 수 있게 되어 감사합니다.'하고 기도를 합니다. 언제부터인지 모르지만 자연스럽게 이런 기도를 하게 되었습니다. 그래서일까요, 요즘엔 아침을 맞을 때마다 감사한 마음이 듭니다. 오늘도 밝은 태양을 볼 수 있어 감사하고, 밥을 먹을 수 있어 감사하고, 내가 사랑하는 사람들을 볼 수 있어 감사하고, 내가 좋아하는 글을 쓰고 책을 읽을 수 있어 감사합니다.

무언가를 감사하며 산다는 것은 참 행복한 일입니다. 감사하는 삶은 그 자신을 즐겁게 하고 평안한 마음을 심어주기 때문입니다. 행복하기를 원한다면 감사한 마음부터 가져보는 것은 어떨까요.

감사하며 사는 것은 삶에 대한 예의이며,
감사하며 사는 일이 많을수록 행복한 사람입니다.

004

걱정

누구나 '걱정'이란 짐승을 만나면 현명하고 냉철한 마음까지 흐려지게 됩니다. 이는 흥분의 원리와 같다고도 할 수 있습니다. 지나치게 흥분하게 되면 극도로 침착하던 사람도 완전히 성격 급한 사람처럼 되어버립니다. 그래서 사리분별을 잘 못하게 되는 것입니다.

마음의 걱정은 '현명'이라는 뿌리 단단한 나무를 잔바람에도 이리저리 흔들거리는 갈대가 되게 합니다. 이럴 때 명심해야 할 것은 시간을 두고 천천히 냉철하게 판단해 보는 자세가 필요합니다. 그렇지 않으면 걱정이란 짐승의 사슬에 매여 자신이 가지고 있는 능력을 제대로 활용도 못하고 무위로 끝내 버리게 됩니다. 그러므로 걱정이란 짐승이 마음에 침투하지 못하게 해야 합니다. 걱정이란 짐승은 의지가 강한 사람에겐 달려들지 못합니다. 걱정이란 못된 짐승은 강력한 의지 앞엔 맥을 못추기 때문입니다.

그러나 의지가 약한 사람은 우습게 여기고 깔봅니다. 그래서 의지가 약한 사람이 쉽게 걱정의 노예가 되는 것입니다.

누군가 말하기를 "걱정이란 인간의 성격을 파괴시키는 가장 무서운 적"이라고 했습니다. 또 "걱정은 인간의 모든 질병 가운데 가장 방심해서는 안 되는 파괴적인 것"이라는 말이 있습니다. 이를 보더라도 걱정은 매우 무서운 인생의 파괴자라는 것을 알 수 있습니다.

걱정은
삶을 살아가는 데 있어
전혀 도움이 되지 않는,
그야말로 백해무익한 것입니다.

005

처음 가는 길

시작을 두려워하는 사람들이 많은 것 같습니다.
낯설음에서 오는 강박관념 때문인데, 가만히 생각해 봅시다.
우리가 처음 가는 길도 이미 누군가 지나간 길입니다.
다만 내가 이제 가는 것뿐입니다.
처음 가는 길은 누구나 두려움을 갖기 마련이지만
성공한 사람들은 두려움을 가지면서도 그 길을 갔고
마침내 자신의 길을 완성했던 것입니다.
처음 가는 길을 당당하게 가십시오.
죽음에 이르는 길도 전생全生을 끌고 간 이들도 있음을
기억하세요.
길은 걸어가는 자를 위해 있는 것입니다.

처음이란 말엔
신선함, 새로움, 기대감의 의미가 담겨있습니다.
이 세상에 처음이란 관문 없이 이루어진 것은 없습니다.
그 어떤 것도 처음이란 관문을 열고 시작되었습니다.
처음 가는 길을 두려워하지 마십시오.

006

나를 키우는 힘

나 자신을 아는 것은
나 자신을 키우는 힘입니다.
자신의 부족한 점을 알아
그것을 바르게 개선하고,
나아가 새로운 마인드와 자세를 갖게 되면
새로운 발전을
가져올 수 있는 계기가 되어 줄 것입니다.

자신을 제대로 자각할 때 지금보다 나은 삶을 살 수 있습니다.
자신을 아는 것만큼 현명한 일은 없기 때문입니다.

007

내가
서점에 가는 이유

나는 주기적으로 서점을 찾지만 내 자신이 부족함을 느낄 때나, 알고 싶은 욕망에 사로잡힐 때나, 불편한 진실로 인해 내가 해야 할 일이 막막해질 땐 서점을 가곤 합니다. 이럴 때 서점에 가서 몇 시간씩 순례를 하고 나면 답답했던 가슴이 풀어지고 가벼워지는 나를 발견하곤 합니다.

서점은 나의 위안처이며 나의 휴식처이기도 합니다.

나는 내가 원하던 책을 고를 때나, 새로 나온 신간 중에 읽고 싶은 책을 보게 되면 너무도 마음이 좋습니다. 마치 연인을 만났을 때처럼 황홀한 기분에 사로잡히기도 합니다.

또한 나는 마음껏 상상의 나래를 펼치며 책의 바다에서 생각의 물고기가 되어 노니는 즐거움을 만끽합니다.

마음이 답답하고, 원하는 일이 잘 풀리지 않을 땐 서점을 가보십시오.
책에서 위안을 받고, 지혜를 구하다 보면 가벼운 마음으로
다시 시도할 수 있게 됩니다. 서점을 휴식처처럼 활용하십시오.

웃음처럼 자연스럽게 사람 사이를 이어주는 것은 없습니다.
웃음은 사람과 사람을 하나로 묶는 마음의 끈입니다.

008

웃음, 그 친근한 매력

웃음은 처음 보는 사람과 사람을 자연스럽게 만들어 주는 묘약입니다. 초면인 사람도 미소 지으며 대하다 보면 어느새 안정감이 생기고 친근감마저 느끼게 됩니다.

속담에 '웃는 얼굴에 침 뱉으랴'라는 말이 있습니다.

이는 웃음이 얼마나 인간적이고 자연스러움을 주는지 단적으로 말해 줍니다. 아무리 화가 나 있어도 상대방이 미소 지으며 미안해할 땐 불끈불끈 치솟던 마음도 어느새 말끔히 걷힙니다.

우리나라 사람들은 웃음에 대해 그리 관대하지 못합니다. 맘껏 소리를 내어 웃으면 경박하게 보일까 봐 억지로라도 참기 일쑤입니다. 가식적일 수밖에 없습니다. 웃음에 자연스러움이 배어 있지 않아서입니다.

탤런트 전원주를 볼 때마다 그녀의 호쾌하고 약간은 경망스러워 보이기까지 하는 웃음이 참 좋습니다. 자그마한 체구, 미인형의 얼굴과는 거리가 멀지만 소박한 몸짓에서 퍼져 나오는 웃음은 통쾌하다 못해 시원스럽습니다. 친근감이 물씬 풍겨나 많은 사람들이 그녀를 좋아하는가 봅니다. 꾸밈없는 웃음이야말로 만인에 대한 친근감의 원천인 것입니다.

009

산다는 것의 의미

살아보니 알겠다
삶은 사는 게 아니라 살아진다는 것을
제아무리 잘 살아보려고 애를 써도
그러면 그럴수록
삶은 저만치 비켜서서 자꾸만 멀어지고
내가 아무리 몸부림에 젖지 않아도
삶은 내게 기쁨을 준다는 것을
삶을 살아보니 알겠다
못 견디게 삶이 고달파도 피해 갈 수 없다면 그냥,
못 이기는 척 받아들이는 것이다
넘치면 넘치는 대로 부족하면 부족한 대로
감사하게 사는 것이다
삶을 억지로 살려고 하지 마라
삶에게 너를 맡겨라
삶이 너의 손을 잡아줄 때까지
그렇게 그렇게 너의 길을 가라
삶은 사는 게 아니라 살아지는 것이러니
주어진 너의 길을 묵묵히 때론 열정적으로
그렇게 그렇게 가는 것이다

삶을 억지로 살려고
무리수를 두는 것은
삶에 역행하는 일입니다.
삶은 사는 것이 아니라
살아지는 것이므로
삶이 이끄는 대로 가십시오.

010

동심으로 사는 즐거움

이른 아침 햇살에 반짝이며 투명히 빛나는 이슬을 볼 때면, 한 방울 한 방울 오색실에 꿰어 목걸이도 만들고 팔찌도 만들고 귀걸이도 만들어 가장 소중한 이에게 주고 싶은 마음이 새록새록 피어납니다. 말도 안 되는 어처구니없는 상상이지만, 때론 철없는 어린아이 같은 발상으로 사물을 바라보면 그렇게 세상이 아름다울 수가 없습니다.

가끔씩 내가 어린이가 되었으면 좋겠다는 생각을 하곤 합니다.

어린이들의 꾸밈없는 마음으로 하늘을 바라보고 사물을 이해하고 지극히 단순한 마음으로 웃고 싶을 땐 웃고, 울고 싶을 땐 울고 미워하지 않고 시기하지 않고 눈에 보이는 대로 귀에 들리는 대로 살고 싶습니다.

혹 누군가가 말도 안 되는 철딱서니 없는 소리 하네, 하고 코웃음 치고 비웃을지라도 단 며칠만이라도 그렇게 살고 싶을 때가 있습니다. 이는 어린아이의 마음으로 산다는 것이 그만큼 깨끗하고 순결하다는 것의 반증인 까닭입니다. 그리고 현실을 단순하고 순수하게 살아간다는 것은 매우 힘들고 어렵다는 것을 뜻하기도 합니다.

어찌 됐든 나는 맑은 이슬을 보면 마음이 한없이 맑아짐을 온몸으로 느낍니다. 손가락 끝으로 살짝만 건드려도 금방 톡 터질 것만 같은 이슬, 너무 연약하지만 그래서 더 영롱하게 반짝이는 이슬. 하루를 살아도 사랑하는 이에게 영롱한 삶의 빛이 되고 싶습니다.

가끔 어린이의 마음으로 살고 싶을 때가 있는 건
아직도 순수가 남아있기 때문입니다.
또한 동심을 품고 산다는 것은 그만큼 인간적이라는 의미입니다.

사랑하는 사람과 뭐든지 함께 하고 싶은 건 당연한 일입니다.
그래서 사람들은 결혼을 하고,
자나 깨나 사랑하는 이와 함께하는 것입니다.

011

함께 하고 싶다

멋진 길을 만나면
사랑하는 사람과 다리가 아플 때까지
함께 걷고 싶다

맛있는 음식을 보면
사랑하는 사람과 배가 부르도록
함께 먹고 싶다

재밌는 영화 프로그램이 눈에 띄면
사랑하는 사람과 어깨를 기댄 채
함께 보고 싶다

내게 넘치도록 고마운 일이나
기쁜 일이 있으면
사랑하는 사람과 웃고 떠들며
마냥,
함께 즐기고 싶다

012

순리대로 행하기

큰 산을 오르는 법이나 작은 산을 오르는 법은 간단명료합니다.
한 걸음 한 걸음 걸어서 올라가는 것이다. 빨리 가려고 욕심을 부려 두 걸음 세 걸음으로 오르려 한다면 금방 지쳐 주저앉게 됩니다.
그 어떤 산도 단숨에 오른 사람은 없습니다.
아무리 유능한 산악인이라고 해도 이는 마찬가지입니다.

어떤 것을 하던 무리수를 두어서는 안 됩니다.
무리수를 두다가는 오히려 삶을 그릇 칠 수 있습니다.
순리를 따르고 순리대로 행하십시오.

013

행복

사람들이 살면서 쉽게 간과하는 것 중 하나는 행복은 가까이에 있고 작고 사소하다는 것을 깨닫지 못한다는 것입니다. 이는 행복을 멀리서만 찾으려 하기 때문입니다. 그리고 크고 화려하고 좋은 것만 행복을 준다고 믿기 때문입니다.

그런데 여기서 알아야 할 것은 행복의 가치 기준이 낮은 사람일수록 행복을 느끼는 정도가 크다는 것입니다. 이런 유형의 사람은 작고 보잘것없는 하찮은 것에서도 행복을 느낍니다. 우리의 삶에 있어 크고 좋은 것, 멋지고 근사한 것은 그렇지 않은 것에 비해 상대적으로 적습니다. 그러다 보니 좋은 것에서 멋진 것에서 행복을 찾으려고 하는 사람은 그만큼 행복을 느끼는 확률이 낮아지는 것입니다. 자신이 남보다 더 많은 행복을 누리며 살고 싶다면 행복의 가치 기준을 조금 낮춰보는 것은 어떨까요. 행복의 가치기준을 낮추는 만큼 행복을 더 많이 느끼게 될 것입니다.

행복의 가치 기준을 어디다 두느냐에 따라
행복의 무게는 달라집니다.
언제나 행복을 느끼고 싶다면
작은 것에도 만족하고 감사하세요.
감사한 일이 많을수록
더 많이 행복하고
더 많이 만족하게 됩니다.

014

마음을 다스리는
시간 갖기

가끔은 세상의 근심과 번잡한 생활을 떠나 마음을 씻고 가다듬는 시간이 필요합니다. 굳이 신앙인이 아니더라도 상관없습니다. 기도와 묵상은 신앙인의 전유물이 아닙니다. 누구나 할 수 있는 마음을 다스리는 공부입니다.

그리고 자연과 교감하는 시간을 갖는 것이 좋습니다. 보잘것없는 작은 풀잎을 쓰다듬어주고 이름 모를 들꽃에 입맞춤도 해주고, 무언의 대화를 나누다 보면 그것들도 자신을 예뻐하는 것을 알고는 방긋방긋 미소 짓고 손을 흔들어 주며 친근감을 표시합니다. 사람들 사이에서는 전혀 느낄 수 없는 새로운 경험은 늘 자신을 새롭게 합니다.

공기청정기의 필터를 갈아주듯
마음에 묻은 때를 씻어내야 합니다.
그래야 새로운 마음, 새로운 생각으로
지금보다 나은 내가 될 수 있습니다.

015

사랑하며 살자

사랑하며 살아요. 행복은 언제나 가까이에 있습니다. 한 번뿐인 인생 신나고 거침없이 살아요.

이따금씩 화가 나고 미워지고 짜증이 나는 일이 있어도 조금만 더 아주 조금만 더 참으며 살아요. 내 인생길에서 동무가 되어준 사랑하는 사람들을 조금은 더 아끼고 배려하고 용기를 주고 위로해 주고 미치도록 사랑하며 살아요.

그리고 지금 이 순간 자신의 곁에 있는 사람에게 사랑한다고 말해요. 너는 내 운명이라고. 그래서 너를 너무 사랑한다고 환하게 웃으며 말해요.

사랑하기에도 인생은 너무 짧습니다.
사랑하는 사람을 지금보다 더 많이 사랑하고 더 많이 아껴주십시오.

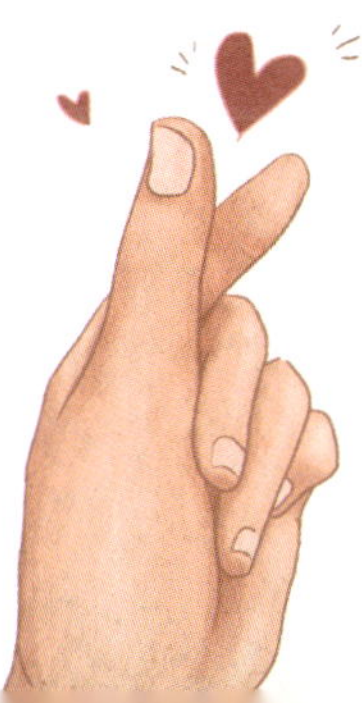

016

참된 자유

하늘을 나는 새를 보면 무한한 자유를 보는 것 같아 가슴이 맑아집니다. 눈이 부시도록 파란 하늘을 유유히 떠서 점점이 날아가는 새들의 비행은 사람들 가슴에 순진무구한 동심을 되살려줍니다. 이런 해맑은 동심은 라이트 형제에게 비행기를 만들게 했고, 마침내 사람들은 하늘을 나는 기쁨을 누리게 되었습니다. 예로부터 새는 무한한 자유의 상징이었으며 누구나 한 번쯤 새가 되어 하늘을 나는 꿈을 꾸었습니다.

그러나 사람들은 새들의 멋진 비행만 보았지 그렇게 날기 위해 숱한 날갯짓을 해야 한다는 것은 관심 밖에 두었습니다. 멋지게 날아가기 위해서는 숨 가쁜 날갯짓을 해야 하는 수고를 감수해야 합니다. 날갯짓의 수고가 멈추는 순간 새는 더 이상 멋진 비행을 감행할 수 없습니다.

마찬가지로 사람들도 무한한 사상적 자유를 위해서는 홀로 있는 시간과 사색의 풍류를 즐겨야 합니다. 자유가 지나치면 방종이 되고 도를 넘으면 혼란을 가져와 삶의 정체성이 위협받게 되는 상황에 처하게 됩니다. 참된 자유는 혼란과 무질서를 바로잡고 삶의 정체성을 바르게 합니다.

책임이 따르는 자유가 진정으로 참된 자유입니다.

017

인생의 의무

우리는 저마다 자신에게 주어진 운명의 길을 갑니다.
내가 가기 싫어도 가야 하고 좋아도 가야 합니다.
가지 않고 주저앉아 버리면 빛나는 내일을 결코 만날 수 없습니다.
우리는 누구나 위대한 신으로부터 선택받은 고귀한 생명입니다.
하나뿐인 목숨, 이 소중한 목숨을 위하여 자신에게 주어진 길을 힘차게 가야 합니다.
이것이 각자에게 주어진 인생의 의무이며 권리인 것입니다.

자신에게 주어진 의무를 다하는 것이야말로 자신의 권리를 지키는 것입니다.

018

거위 같은 사람

날개만 있다면 아아, 날개만 있다면, 하고 소리쳐도
막상 날개가 주어져도 날지 못하는 사람들이
많은 게 현실입니다.
거위는 날개가 있지만 날지를 못합니다.
날지 못하는 날개는 더 이상 날개가 아닌 것처럼
자신에게 주어진 삶의 날개를 펴고 날지 못한다면
거위와 같은 사람에 불과합니다.

독수리 같은 사람이 되느냐
거위 같은 사람이 되느냐는 것은
오직 자신이 결정해야 할 일입니다.

019

오월의 태양

오월의 태양은 유난히 밝고 맑게 빛납니다.
손톱만한 칙칙함이라곤 눈 씻고 찾아볼 수 없습니다.
자연의 벌판에서 바라보는 오월의 붉은 태양 가득히
에는 희망과 열정의 전율이 파도처럼 일렁거립니다.
오월의 태양은 그것들로 인해
더욱 붉은빛이 선명합니다.
그래서 나는 오월을 사랑하고 오월의 붉은 태양을
사랑합니다.

오월이 우리의 마음을 풍요롭게 하는 것은
열두 달 중 가장 인간의 마음을 닮았기 때문입니다.

020

가끔은 시골길을 달려 보자

따스한 오월 햇살을 따라 싱그러운 시골길을 달려갑니다. 포장된 아스팔트 길이 담백한 담채화 같은 시골 풍경을 퇴색시키지만 푸른 들과 숲, 맑은 실개천과 하늘을 나는 새들의 노래가 도시에서의 찌든 몸과 마음을 한껏 씻어줍니다. 여기저기선 농부들이 허리를 굽혀 다정한 눈길로 땅과 대화를 나누고 제법 탐스럽게 솟아오른 푸른 채소를 쓰다듬는 주름진 손놀림이 매우 경쾌합니다.

풋풋한 흙냄새와 코끝을 자극시키는 풀과 들꽃 향기는 내가 살아있음을 증명이라도 하듯 싱그럽고 해맑습니다. 나도 모르게 입에선 깊은 탄성이 울려납니다. 옹이처럼 박힌 일상생활에서의 불평과 불만이 언제 그랬느냐는 듯 눈처럼 사르르 녹아내립니다. 그저 푸르른 대지와 산과 들을 바라보는 것만으로도 마음이 즐겁고 풍족해집니다. 사람의 마음이란 크고 놀라운 일에 감동하기보다는 작고 잔잔한 일에서 더 진한 감동을 느끼는 것입니다.

삶이 가끔 아프고 외롭게 할 땐 시골길을 걸으십시오.
아무런 말이 없어도 돌아올 땐
새털처럼 가벼워진 자신을
발견하게 될 것입니다.

021

삶의 법칙

우리가 희망을
포기하지 않는 한

희망 또한
우리를 버리지 않는다.

희망은 사람을 가리지 않습니다.
단, 희망은 희망을 받아들일 준비가 되어 있는 자에게만 손을 내밉니다.

022

하나의 마음

한 사람 한 사람은 연약한 풀과 같지만 그 힘이 모아져 하나가 되면 상상을 초월하는 놀라운 결과를 만들어 냅니다. 어렵고 힘들수록 함께하는 지혜가 필요합니다. 하나가 되는 일은 즐거운 일이며 하나의 마음이 된다는 것은 함께 할 수 있어 참으로 행복한 일입니다.

"남을 복되게 해주면 자기의 행복도 한층 더해진다."고 글라임은 말했습니다. 또한 슈바이처는 "인류 모두가 행복하기 전에는 개인의 행복이란 있을 수 없다."고 설파했습니다.

자신이 행복한 인생을 살고 싶다면 나 아닌 누군가를 위해 함께하는 삶의 즐거움을 누리세요. 그것이 인생의 보람이며 참된 기쁨입니다.

하나의 마음이 된다는 것은 함께하는 삶을 공유하는 것입니다.
그래서 함께 하는 삶은 늘 아름답게 반짝입니다.

023

피하지 않기

자신에게 고통과 슬픔이 다가오면 애써 피하지 말아요. 피하는 순간 고통과 슬픔의 동굴에 갇혀 더 큰 고통과 슬픔을 겪게 될 것입니다. 그 고통과 슬픔을 끌어안고 맞서 싸우세요. 그리고 이기십시오. 그 어떤 고통과 슬픔도 이겨내는 자만이 진정 행복할 수 있습니다.

베르길리우스는 "우리의 운명은 반드시 인내에 의해 극복되는 것이다."라고 했습니다. 참을 수 없는 고통과 슬픔의 운명도 두려움 없는 강인한 인내 앞에선 꼬리를 내리고 사라집니다. 그것이 인생을 잘 살아갈 수 있는 최선의 삶의 법칙입니다.

그 어떤 고통과 시련에도 굴복하지 말고 맞서십시오.
당당하게 맞서는 자를 이길 고통과 시련은 없습니다.

불신의 장벽

현대는 불신이 팽배하고 거짓과 배신이 난무하는 사회입니다. 이런 사회에서 살아간다는 것은 모험과도 같을 때가 있습니다. 정신을 똑바로 차리지 않으면 자신이 원하는 삶을 살아가기가 그만큼 어렵습니다. 이런 사회적 구조 속에서는 불신의 장벽을 걷어내는 게 제일 먼저 해야 할 일입니다. 그러기 위해서는 저마다의 가슴에 쳐 놓은 '금'을 지워버려야 합니다. 금은 나와 상대방을 가로막는 불신의 장벽이므로 금을 지워버리는 순간 불신의 장벽은 무너져 내리는 것입니다. 아무리 혼탁한 불신시대라고 해도 저마다 가슴에 품고 있는 금만 지워버린다면 믿음 속에서 삶을 행복하게 꽃피울 수 있습니다.

모든 불행은 서로를 믿지 못하는 데 있습니다.
불행을 막고 행복하게 살기를 원한다면
개인과 개인, 개인과 사회가 믿음의 바탕 위에 서야 합니다.

025

한 곳에 머무는 것을 경계하자

바람은 한 곳에 머무는 법이 없습니다. 계속해서 불어야 바람입니다. 강물 역시 계속해서 흘러야 합니다. 고인 물은 썩어서 악취를 풍기고 그 속의 생물들을 모두 죽게 만듭니다. 물은 흘러가면서 자정작용 하여 깨끗한 물이 되고 온갖 생물들을 품어 생명을 전해줍니다.

이렇듯 바람은 불어야 바람이고, 물은 흘러야 물인 것입니다. 사람들 중에도 흐르는 강물 같은 사람이 있고, 고여 있는 물과 같은 사람이 있습니다. 강물이 계속해서 흘러감으로써 생명을 이어주고 가듯이 흐르는 강물 같은 사람은 지금보다 나은 내일을 위해 항상 변화를 꿈꾸며 노력합니다. 이런 유형의 사람은 한시도 가만히 있지 않고 끊임없이 무언가를 생각하고 앞으로 나아가기 위해 열정을 쏟습니다. 그러나 고여 있는 유형의 사람은 현실에 안주하여 머무르길 원합니다. 그러다 보니 새로운 것을 받아들이는 것을 두렵게 생각합니다.

삶에서 부딪치는 고난과 역경이
자신을 뒤흔들어대도 두려워 마세요.
흔들림을 겁내면 앞으로 나아갈 수 없습니다.
살아 있는 것들은 모두 흔들리면서 길을 갑니다.
그리고 마침내 원하는 길에 이르게 되는 것입니다.

051

물과 같은 사람

물은 한없이 부드러우면서도 그 어떤 것보다 강한 힘을 가졌습니다. 또한 모든 것과 잘 섞이고 어울리는 조화로움을 지녔습니다. 물이 쌀과 만나면 맛있는 밥이 되고, 밀가루를 만나면 부침도 되고, 수제비도 되고, 국수가 됩니다. 그리고 커피 가루를 만나면 맛있는 커피가 되고, 시멘트를 만나면 견고하고 탄탄한 콘크리트가 되어 집이 되고 다리가 됩니다. 이처럼 물은 조화와 어울림의 표본입니다.

물은 창조적 요소이며 생명의 근원입니다. 물이 닿는 순간 풀이 자라고 나무가 자라고 물고기들이 숨을 쉬며 사람은 물론 살아 있는 모든 것들은 물을 만나는 순간 생명이 되고 피가 됩니다. 그래서 모든 생물들은 물을 필요로 하며 살아갑니다.

그러나 물이 한번 성을 내면 그 어떤 것도 단숨에 부숴버리고, 쓸어버리는 무서운 힘의 존재로 변화합니다. 이처럼 물은 부드러움과 강함을 함께 하는 이중성을 지녔습니다. 이에 대해 노자는 다음과 같이 말했습니다.

"단단한 돌이나 쇠는 높은 데서 떨어지면 깨지기 쉽다. 그러나 물은 아무리 높은 곳에서 떨어져도 깨지는 법이 없다. 물은 모든 것에 대해서 부드럽고 연한 까닭이다. 저 골짜기에 흐르는 물을 보라. 그 앞에 있는 모든 장애물에 대해서 스스로 굽히고 적응함으로써 줄기차게 흘러 드디어 바다에 이른다. 적응하는 힘이 자유자재로워야 사람도 그가 부닥친 운명에 굳센 것이다."

우리 인생도 물과 같아야 합니다. 그 어떤 사람도 부드럽고 따뜻하게 감싸줄 수 있고, 그 어떤 삶도 아우를 수 있는 물과 같은 사람, 그런 이가 진정 성공한 사람입니다.

물은 조화와 부드러움의 대명사입니다.
하지만 성이 나면 그 어떤 것도 대적할 수 없는
강력한 힘을 지닌 존재입니다.

사랑이란

"사랑은 최대의 모순을 융화하고 천지天地를 통합하는 길을 알게 한다."고 괴테는 말했습니다. 사랑을 하다 보면 상대방의 허점도 알게 되고, 삶의 모순도 발견됩니다. 어디 그뿐인가요. 몰라도 될 비밀도 드러납니다.

그러나 이 모든 불합리하고 모순된 것까지도 끌어안는 게 사랑입니다.

만약 그런 사랑을 하지 않는다면 그것은 진실을 위장한 거짓 사랑이라고 해도 좋을 것입니다.

사랑은 최대한의 이해와 배려와 양보로 무장되어야 합니다.
그러기에 사랑은 믿음을 주고, 기쁨을 주고, 감동을 주는 것입니다.
사랑하는 이가 만족할 수 있는 사랑을 하십시오.

만족한 사랑

사랑 법칙은 아름다운 사랑을 통해 생활의 기쁨을 얻고 그 기쁨의 만족으로 최선의 삶을 영위하는 것을 말합니다.
이런 만족한 사랑을 얻으려면 사랑하는 마음으로, 사랑 가득한 눈으로, 사랑하는 이를 바라보아야 합니다. 그리고 사랑하는 이의 장점을 찾아 아낌없이 칭찬하고 거침없는 사랑을 베풀어야 합니다. 또한 진지하게 사랑하는 이의 말을 들어주고 교감을 통해 서로를 자신의 가슴에 품어 안아야 합니다.
이런 노력과 열정 없이 행복한 인생길을 걸어간다는 것은 삶에 대한 모독입니다.

만족한 사랑은 서로가 충만한 행복에 겨워하는 것입니다.
행복에 겨운 사랑이 함께하는 사랑,
그런 사랑이야말로 최선의 사랑입니다.

054

사람이란 무엇인가

"기쁨이 있는 곳에 사람과 사람 사이의 결합이 이루어진다. 사람과 사람 사이의 결합이 있는 곳에 또한 기쁨이 있다."

독일의 시성 괴테는 이처럼 말했습니다. 세상을 아름답게 느끼는 것은 그 주위에 사람과 사람들이 옹기종기 모여, 서로를 보듬어주고 위로해 주고 용기를 주고 살아가기 때문이며, 그 삶의 과정 속에서 서로를 아끼며 사랑하는 마음이 함께하기 때문입니다.

사람들이 없는 지구의 모습은 상상하는 것만으로도 참혹하리만치 쓸쓸하고 음습한 분위기를 자아냅니다. 사람이 없는 지구는 공허한 정적만이 감돌고 마치 정물화와 같은 풍경만 존재할 것입니다.

사람이란 따듯한 마음과 냉철한 지혜를 가진 존재로서, 창조주가 창조한 피조물 가운데 최고의 가치를 지닌 동물입니다. 사람들은 말과 글을 만들었으며 문화와 역사를 이루어냈고, 문명사회를 이루며 더 나은 미래를 지향하는 창의적 주체입니다. 이러한 사람과 사람들이 살아가면서 함께 기뻐하고 화합하는 삶 속에서, 사람들이 갖게 되는 삶의 지수는 그만큼 높아지게 됩니다.

사람은 하나님께서 자신의 형상대로 만든 피조물입니다.
그러기에 세상에 존재하는 모든 생물들 가운데 최고의 가치를 지닌
존재인 것입니다.

055

사랑이란 단어

사랑이란 단어 앞엔 늘 마음이 설레고 가슴이 따스하게 부풀어 오릅니다. 이는 사랑이란 말엔 모든 것을 품어 주고 받아들이는 품격이 있기 때문입니다.

그래서 톨스토이는 "사랑은 인간에게 몰아沒我를 가르친다. 따라서 사랑은 인간을 괴로움에서 구해준다."고 말했습니다. 또한 괴테는 "사랑은 최대의 모순을 융화하고 천지를 통합하는 길을 알게 한다."고 말했습니다.

세계적 대문호인 톨스토이와 괴테의 말에서도 알 수 있듯이 사랑은 모든 것을 감싸주고 용서하고 이해하고 괴로움과 고통으로부터 인간을 자유롭게 하고 행복하게 합니다.

사랑 앞에 우리는 진지해야 하고 겸허해야 하고 날카로운 발톱과 같은 흉계를 숨기지 말아야 합니다.

사랑은 모든 것을 품어주는 것으로써
창조주께서 인간에게 주신
가장 고귀한 선물입니다.

056

향기로운 인생의 꽃

아직은 우리에게 희망은 있습니다. 더 이상 우리가 아귀처럼 되지 않으려면 빛이 바래져 가는 정情을 다시 되살리면 됩니다. 정이란 피로 맺어졌기 때문에 생명의 호흡과도 같습니다. 이 호흡들이 하나로 이어져 서로의 가슴에 따스한 온기로 스며든다면, 가뭄에 쩍쩍 갈라진 논바닥 같은 황폐한 마음은 부드럽고 온유하게 변화할 것입니다. 그렇게 될 때 사람들은 본연의 마음을 회복해 정을 나누며 아름다운 삶을 살게 될 것입니다.

정을 품고 사십시오.

정이 우리의 삶으로부터 멀어지지 않도록 마음을 여미며 서로를 토닥이며 사십시오. 가장 사람다운 미소를 지으며 넉넉한 가슴으로 서로에게 향기로운 인생의 꽃이 되십시오.

인간에겐 인간만이 느낄 수 있는 따뜻한 감정이 있습니다.
그것은 서로를 하나로 이어주고, 서로를 더욱 친밀하게 만듭니다.
그것은 바로 정입니다.

포옹은 아름다운 인사며, 예의이며, 따뜻한 정의 표시입니다.
포옹을 자주 할수록 부드럽고 따뜻한 인간미를 키울 수 있습니다.
포옹하고 포옹하십시오.

057

포옹하라

포옹은 참 좋은 것입니다.

나 역시 포옹하는 것을 참 좋아합니다. 포옹하고 있는 순간은 너무 행복하기 때문입니다. 그래서 틈만 나면 자꾸만 포옹이 하고 싶어집니다.

포옹하십시오.

그 대상이 아내든 남편이든 애인이든 아들이든 딸이든 친구든 그 누구든 간에 포옹을 해보십시오. 처음엔 어색해도 자꾸만 하다 보면 아주 자연스러워질 것입니다.

뜨거운 마음으로 감사한 마음으로 아껴주는 마음으로 사랑하는 마음으로 포옹하고 또 포옹하십시오.

저녁에 집집마다 불이 켜지면 포근하고 안온한 마음에 사로잡힙니다.
이는 아침에 집을 나갔던 이들이 행복한 마음을 풀어놓기 때문입니다.
창문과 베란다를 통해 비치는 따스한 빛,
그 빛은 행복이 모여 만든
빛인 것입니다.

058

저녁이 오면

저녁이 오면
사람 사는 마을에 초롱꽃보다
환한 꽃이 피는 건

학교로
일터로
떠났던 사랑하는 사람들마다

사랑을 안고
웃음을 안고

행복을 풀어 놓기 때문이다

059

최선의 사랑

누구나 완전한 사랑은 할 수 없습니다.

그러나 최선의 사랑은 할 수 있습니다.

그 최선의 사랑을 향해

사랑하십시오. 오늘이 마지막인 것처럼.

아무리 힘들고 어려운 상황에서도 살아갈 수 있는 것은
사랑이란 위대한 힘이 작용하기 때문입니다.
고난에 처하거나, 외롭거나, 슬플 땐 사랑에 의지하십시오.
사랑만이 구원에 이르는 길입니다.

사랑 없는 세상은
더 이상 살아갈 가치가 없습니다.
그만큼 사랑은 절대적이며
이 세상의 모든 것입니다.

090

사랑은 이 세상의 모든 것

사랑하는 대상이 많을수록 그 사람은 그만큼 행복한 사람입니다. 남에게 사랑을 주는 만큼, 그 사람 역시 누군가로부터 기억되어지고 사랑을 받기 때문입니다. 사랑을 준다는 것은 가장 아름다운 행위이고, 주면 줄수록 기쁨과 행복이 파도처럼 넘쳐나는 것입니다.

하지만 사랑을 준다는 것은 결코 쉽지 않은 일입니다. 사랑하는 사람을 위해 때론 자신의 유익을 양보해야 하고, 배려하고 믿고 기다려 줄 수도 있어야 합니다. 그렇지 않는다면 진실한 사랑을 준다고 할 수 없습니다.

사랑은 진실할 때 오래가고 행복은 배가 되는 것입니다. 그러나 사랑을 가볍게 생각하는 사람에겐 사랑의 참 기쁨이 찾아오지 않습니다. 그런 사람에겐 가식적이고 허위적인 사랑만이 기웃거립니다.

사랑하는 사람만이 그 사랑의 참 기쁨을 알게 되고, 또한 사랑하는 사람에게 사랑을 받게 됨으로써 세상을 행복하게 살아갑니다. 사랑은 이 세상의 모든 것입니다.

061

시의 정의

시는 학문도 아니고 이론도 아닙니다. 시는 삶의 노래며 외침이며 가슴을 따스하게 하고 사유케 하는 언어의 예술입니다. 이러한 시는 갈증을 심하게 느낄 때 마시는 한 잔의 시원한 물과 같습니다. 시는 사람들의 영혼의 노래며 영혼의 샘물입니다.
물이 오염되면 그 물을 먹은 사람도 오염이 되는 것처럼 영혼을 오염시키거나 감동을 주지 못하는 시는 더 이상 시가 아닙니다. 그것은 정서와 이성을 혼란시키는 언어의 장난에 불과할 뿐입니다.

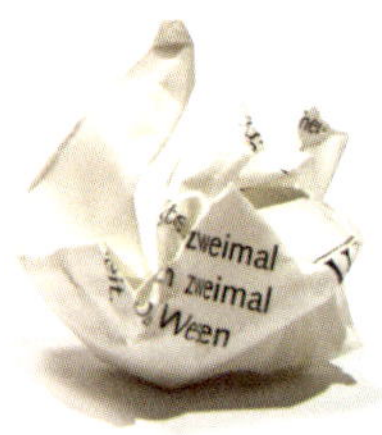

시는 삶의 노래며 외침이며
가슴을 따스하게 하고 사유케 하는 언어의 예술입니다.
또한 시는 영혼의 양식이며, 빛의 언어입니다.

062

낮추는 삶

지금은 시쳇말로 자기 홍보시대라고 말합니다. 자신을 알리지 않으면 남에게 뒤처질 수 있다는 사회적 강박관념에 빠져 있기 때문인데 이를 경계해야 할 필요가 있습니다. 그렇지 않으면 자기모순이란 깊은 웅덩이에 빠져 헤어나지 못하는 우를 범할 수 있습니다. 그렇게 되면 자신에게 매우 불행한 결과를 초래할 수도 있습니다. 세상 어느 누구도 자신이 불행해지는 것을 원하는 사람은 없을 것입니다.

그러나 자신을 낮추는 삶을 살 수 있다면 그 사람은 행복한 인생을 즐기며 살 수 있습니다. 사람들은 자신을 드러내며 설치는 사람보다는 있는 듯 없는 듯 그러면서도 함께 더불어 살아갈 줄 아는 사람을 더 좋아합니다. 이는 인간의 심리에는 여자든 남자든 자신보다 못한 사람을 보호해 주고 싶은 모성 본능적인 욕구가 작용하기 때문입니다.

사람들은 자신을 높이는 자에게 환멸을 느낍니다.
오만하다고 여기기 때문입니다.
그러나 자신을 낮추는 자에겐 지대한 관심을 가지는데,
이는 겸손하다고 믿기 때문입니다.

063

내가
좋아하는 사람들

내가 좋아하는 사람들을 보면 그 순간부터 가슴이 뜨거워지고 무슨 말이라도 걸어보고 싶고, 한참을 지켜보고 바라보아도 까닭 없이 그냥 좋습니다. 그들에게는 풀꽃 냄새가 나고 그들을 보고 있는 것만으로도 내 마음은 깨꽃처럼 환해 오고 착한 생각이 넘쳐납니다. 그리고 그들과 함께하는 것이 너무 감사해서 진주처럼 맑은 눈물을 보이게 됩니다.

이처럼 내가 사랑하는 사람들은 자신에게 있어 꼭 필요한 존재이며 이상입니다. 하지만 삶이 각박해질수록 이런 마음들이 사라지는 것 같아 안타까움에 몸서리치곤 합니다. 가족의 소중함도 친구의 소중함도 배고프고 어려웠던 그 시절보다 빛이 바래지는 것만 같아 마음이 아픕니다. 점점 물질의 노예가 되고 탐욕과 이기심의 바다에 빠져 헤어나지 못하고 있는 사람들이 그저 안타까울 따름입니다.

우리는 무심으로 돌아가야 합니다. 지금 돌아가지 않으면 걷잡을 수 없는 욕망으로 혼돈의 시대에 직면하게 될지도 모릅니다.

자신이 좋아하는 사람들은 기쁨이며, 희망이며, 의지이며, 동지입니다.
자신이 좋아하는 사람들을 최선의 마음으로 대하고 아껴주어야 합니다.
그들은 또 다른 자신이기 때문입니다.

064

집착을 버리자

집착은 무서운 것입니다.

웬만해서는 치유가 안 되는 불치병과도 같습니다. 너무 사랑한 나머지 강렬한 사랑의 소유욕에 빠지기 전에 스스로에게 제동을 걸어야 합니다. 그렇지 않으면 그로 인해 씻을 수 없는 상처를 입어 사랑하는 사람을 원망하게 되고 미워하게 되는 비참한 종말을 맞을 수도 있습니다.

사랑의 절제!

오래가는 사랑, 변함없이 늘 그대로인 사랑을 원한다면 사랑을 컨트롤 할 수 있는 능력을 길러야 합니다. 사랑의 절제, 이는 삶에 있어 꼭 필요한 요소입니다.

집착은 사랑이 아니라 병입니다.
진정으로 행복한 사랑을 원한다면 사랑을 절제할 수 있어야 합니다.
사랑의 절제는 집착을 막아주는 명약과 같습니다.

065

질투가 미치는 영향

사랑을 하다 보면 자신도 모르는 사이에 질투심을 품게 될 때가 있습니다. 자신이 사랑하는 사람이 다른 사람에게 조금만 친절을 베풀거나 미소를 지어 보이기라도 하면 은근히 화가 치밀어 오르는 것을 누구나 한 번쯤은 경험했으리라 생각합니다.

"인간이기에 그럴 수밖에 없지 않느냐"고 말을 해도 그다지 무리가 따르지 않는 말입니다. 그러나 그것이 지나치면 큰 화를 가져오게 되는 것은 불을 보듯 빤한 일입니다. 불행한 사람은 바로 자신이며 그다음이 사랑하는 사람이고, 또 그다음이 주변 사람들입니다.

질투심이 변하게 되면 증오심이 되는데 이 증오심은 대책이 없을 만큼 무서운 것입니다. 모든 사랑의 종말에는 증오심이 원인이 되니까요.

질투는 판단능력을 상실하게 하고
감정대로 하게 하는 무서운 것입니다.
참된 사랑을 원한다면 질투심을 버려야 합니다.

사랑이 없다면 이 세상은 불 꺼진 항구와 같을 것입니다.
배들은 정박할 곳을 찾지 못해 혼란에 빠지듯
사람들은 절망에 이를 것입니다.
사랑은 희망의 주체며 행복의 끈입니다.

066

소중한 것

꽃이 물을 떠나면 그 꽃은 곧 말라죽고 맙니다. 새는 나무를 떠나면 안전하고 포근한 둥지를 잃게 되며, 달은 지구와 함께 있을 때 더욱 그 빛을 발하게 됩니다. 사랑은 이처럼 서로에게 없어서는 안 되는 꼭 필요한 것입니다.

사랑은 흔한 것 중의 하나같지만 가장 소중한 것이며 삶을 하나로 이어주는 행복의 끈입니다.

사랑하십시오. 사랑은 가장 아름다운 보석이자 희망의 주체입니다.

067

행복을 주는 사람

행복은 세상이 아름다울 때 더욱 행복해지는 것이지만 세상이 쓸쓸할 때일수록 더욱 절실하게 필요합니다. 따라서 자신이 불행하다고 느낄 때 행복할 수 있는 일을 찾아야 하는데, 그것이 단순히 자신만을 위하는 것보다는 다른 사람을 행복하게 하는 일이라면 더욱 가치 있는 삶이 될 것입니다.

악성樂聖 베토벤은 "다른 사람을 위하여 일할 수 있었다는 것은 어린 시절부터 나의 최대의 행복이었으며 즐거움이었다"고 말했습니다. 플라톤 또한 "다른 사람을 행복 되게 할 수 있는 사람만이 행복을 얻는다"고 했으며 글라임은 "다른 사람을 복되게 하면 자기의 행복도 한층 더해진다"고 말했습니다.

삶을 성공적으로 살았던 사람들 대부분은 자신의 삶보다는 인류의 행복과 평화를 위해 살았습니다.

자신보다도 다른 사람을 위해 산다는 것은 말처럼 쉬운 일이 아닙니다. 때로는 사서 고생하는 것과 같고, 혹은 공연한 일을 하는 건 아닌가 하는 생각을 갖게도 합니다. 그러나 그것을 너무 크게 확대해서 생각할 필요는 없습니다.
작은 일이라도 다른 누군가를 위해서 할 수 있는 일이 있다면 그것 또한 자신이 다른 누군가를 위해 할 수 있는 일이기에 충분히 행복해질 수 있는 가치가 있습니다.
다른 사람을 즐겁게 하는 삶 속엔 따뜻한 희망과 열정이 있습니다. 그래서 자신은 더욱 행복해질 수 있는 것입니다.

068

이성의 빛

감정感情은 이성理性과 달리 비논리적이고 기분에 따라 좌우되므로 허점이 많고 실수가 따르는 경향이 많습니다. 돈이나 물질이나 명예나 사업은 일종의 감정과도 같은 것입니다. 손안에 있을 때에는 기분이 좋고 행복한 마음이 들지만, 자신의 손에서 벗어나게 되면 허탈한 마음에 불행을 느끼게 됩니다.

뿐만 아니라 자꾸만 예전 일에 집착하여 현실을 비관하게 됩니다. 그러나 이성은 마음을 일정하게 유지시키는 힘이 있습니다. 이성으로 얻는 행복, 다시 말해 평정심으로 얻는 행복이란 수행자나 종교인들만이 가질 수 있는 것은 아닙니다. 누구나 가질 수가 있습니다.

참된 행복을 원한다면 물질이나 지위, 명예만을 쫓지 말고 이성의 빛에서 찾아야 합니다.

이성은 최악의 상황에서도 바른길을 가게 하는 삶의 이정표입니다.

069

희망의 불씨

성공적인 삶을 사는 사람들은 앞날이 까마득하고 죽음보다 깊은 절망 속을 허우적대면서도 절대로 희망의 끈을 놓지 않습니다. 오히려 더욱 세게 부여잡고 결국 아름다운 삶의 승리자가 되어 사람들에게 용기를 주고 귀감이 됩니다.

시련은 형벌이 아니라 자신 앞에 놓인 또 다른 길을 찾아가게 하는 새로운 지표이며, 보다 나은 삶을 예고하는 희망의 불씨입니다.

시련을 고통이라고 여기는 사람에겐 고통이지만,
희망의 불씨라고 생각하는 사람에겐 희망이 되어 꿈을 이루게 돕습니다.

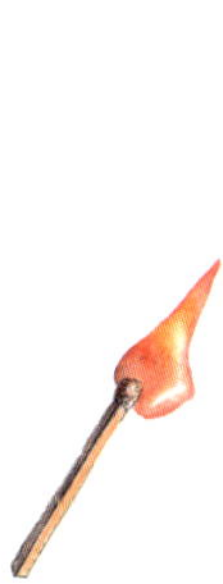

다른 누군가에게 필요한 사람

자신을 살피고 돌아볼 줄 아는 사람은 그렇지 않은 사람에 비해, 보다 더 아름답고 평안한 생활을 영위해 나갈 수 있습니다. 왜냐하면 자신을 살피고 들여다보는 것으로 해서, 자신의 옳고 그름을 알 수 있기 때문입니다. 그래서 잘못된 것이 있으면 고쳐서 바로 잡고, 어긋난 것이 있으면 제 위치로 돌려놓을 수 있게 되는 것입니다. 그래야만 반듯한 삶을 살 수 있게 되어 자신은 물론 다른 사람에게 꼭 필요한 사람이 될 수 있습니다.
다른 사람에게 필요한 사람이 된다는 것은 행복하고 즐거운 일입니다.

다른 누군가가 필요로 하는 사람이야말로 행복한 사람입니다.
그는 마치 없어서는 안 되는 소중한 보물과도 같은 존재이기 때문입니다.

071

행복한 사람은 시계를 보지 않는다

누군가 그랬다 합니다. 행복한 사람은 시계를 보지 않는다고요. 행복한 사람은 행복에 빠져 시계를 보는 시간조차 아까워합니다. 시계를 보는 그 짧은 순간조차도 행복을 놓치기 싫어서입니다. 행복한 사람에게는 시간이 빨리 지나가고, 불행한 사람에게는 매시간이 지겹고 괴로워 더디게 갑니다.

인생이 짧아서 아쉽다는 생각이 드는 삶을 살아야 합니다. 왜냐하면 그것은 자신의 삶이 행복하다는 반증인 까닭입니다.

인생은 길다 생각하면 길고, 짧다 생각하면 짧습니다.

인생이 짧아서 늘 아쉬운 마음으로 사는 사람이 되도록 매 순간마다 충실해야 합니다.

시계를 보는 것조차 아까워하는 사람이 되십시오. 그 사람이야말로 가장 행복한 사람입니다.

THINK
OUTSIDE

072

자신의 적

자신에게 관대한 사람은 발전할 수 없습니다. 자신의 잘못된 습관, 잘못 길들여진 타성으로 인해 마음의 눈을 흐리게 하기 때문입니다. 자신의 잘못된 습관과 잘못 길들여진 타성을 버리는 것만이 마음의 눈을 밝게 할 수 있습니다. 마음의 눈이 밝으면 이치에 밝고, 삶을 깊이 있게 들여다보는 안목이 길러집니다. 가장 무서운 인간의 적은 자신에게 끊임없이 관대한 것입니다.

자신의 적은 자신입니다.
자신을 이기는 자만이 승리자가 될 수 있습니다.

073

꽃이 사랑받는 이유

꽃이 사랑받는 이유는
사람들을 사로잡는 향기가 있기 때문입니다.
잡초는 향기가 없기 때문에 사람들의 관심을 끌 수 없지요.
그러므로 우리는 향기 나는 사람이 되어야만 합니다.

사람에게도 향기가 있습니다.
사랑이라는 향기, 배려라는 향기, 미소라는 향기, 베풂이라는 향기,
향기 있는 사람이 진정 아름답습니다.

사람의 근본

사람의 근본은 믿음에서 왔고 그 믿음이 깨어지는 순간, 죄의 역사는 시작되었습니다. 죄는 결국 믿음을 깨뜨리는 일에서 시작되었기에 믿음을 회복하는 것만이 죄에서 멀어지는 일이 될 것입니다. 믿음은 서로의 마음을 화평케 하고 열린 마음으로 세상을 바라보게 합니다.

보이지 않는 것도 믿음의 눈으로 바라볼 때 보이게 되는 것입니다. 따라서 믿음은 사람의 근본이며, 사람을 평안케 하고, 사람의 길을 걸어가게 하는 원동력이 됩니다.

사람의 근본은 믿음입니다.
믿음을 지킬 수 있으면 모두가 화평하나,
믿음을 져버리면 모든 것이 불행해집니다.

075

사물을 바라보는 눈

사람은 사물을 어떻게 바라보느냐에 따라 삶에 대한 관점과 인생관이 변할 수도 있습니다. 사물을 대할 때 하찮은 눈길로 바라보거나 대수롭지 않게 여기는 사람은 다른 사람을 대할 때도 진지하지 못하고 대충대충 넘어가려는 습성을 보이게 됩니다. 따라서 상대방에게 신뢰를 주지 못하게 되는 것은 두말할 나위가 없습니다. '저 사람은 신중함이 없어. 뭐든지 얼렁뚱땅이라니까, 그래서는 안 되지'라는 생각을 상대방에게 심어주게 되어 신뢰를 잃게 됩니다. 하지만 사물 하나에도 신중한 눈으로 바라보는 습관을 가지고 애정으로 대하면, 그 마음속에는 모든 것을 존귀하게 여기는 따스한 마음이 길러집니다.

사물을 대하는 자세에 따라 사람을 대하는 태도 역시 달라집니다.
사물을 진지하게 대하면 사람도 진지하게 대하고,
대충 대하면 사람도 대충 대하게 됩니다.
그러므로 하찮은 사물일지라도 관심을 갖고 대하는
자세가 필요한 것입니다.

076

신중하게 말하기

나뭇잎이 적당히 있으면 과실은 풍성해집니다. 사람들이 내뱉는 말 또한 다를 바 없습니다. 말이 너무 많다 보면 바른말도 있겠지만, 상대적으로 불필요한 말이 많아지게 됩니다. 말을 하기에 앞서 신중히 생각함으로써 신뢰를 쌓아야 하는 이유가 여기에 있습니다.
침묵은 때에 따라 금보다 귀하고, 그 어떤 철학적 논리보다도 우선합니다. 말을 아낄 줄 아는 사람, 그런 사람이 되어야 합니다.

말이 많을수록 쓸모없는 말이 많습니다.
말을 하되 가려서 하는 자세가 필요합니다.
잘못된 한마디 말이 인생을 파멸로 몰아갑니다.

077

청춘이란 이름

청춘靑春은 젊다는 이유 하나만으로도 일곱 빛깔 무지개보다도 아름답고 지구 상에 존재하는 그 어떤 꽃보다도 아름답습니다.

'성년부중래盛年不重來'라는 말이 있습니다.

이 말은 청춘은 한 번 지나가면 두 번 다시 오지 않는다는 뜻입니다. 이 좋은 시절 자신이 사랑하는 사람을 위해 모든 것을 걸고 사랑하십시오. 설령 자신의 목숨을 거는 일이 생길지라도 온몸과 마음으로 사랑하고 사랑하십시오. 사랑은 가장 풍요롭고 행복한 인생의 선물입니다.

젊다는 것은 그것만으로도 축복입니다.
그 좋은 시절 사랑도 열정적으로 하고, 자신이 원하는 일에도 열정을 다하십시오. 청춘이 아름다운 것은 그런 까닭에서입니다.

078

하고 싶은 일을 하라

진정한 삶의 가치와 기쁨을 얻고 싶다면 자신이 하고 싶은 일을 해야 합니다. 자신이 하고 싶은 일은 그것이 어떤 것이라 할지라도 상관없습니다. 남들이 보기에 하찮고 대수롭지 않아 보이면 뭐 어떻습니까. 수입이 좀 적어도 괜찮습니다. 자신이 하고 싶은 일을 한다는 것 자체만으로도 돈이 채워주지 못하는 만족감을 채워주니까 말이지요.

내가 행복하고 만족하면 되는 것입니다.

그러기 위해서는 자신이 하고 싶은 일에 목숨을 거십시오. 목숨 걸고 하는 일처럼 행복한 일은 없습니다.

남 눈치 보지 마세요. 자신이 좋으면 그냥 하십시오.
그것이 행복한 내가 되는 가장 확실한 비결입니다.

079

영원한 청춘

영원한 청춘으로 살고 싶습니다.

그렇게 살기 위해 노력하고 있습니다. 나이를 생각하지 않으려고 합니다. 나이를 따지다 보면 공연히 남의 눈치를 보게 되고, 하고 싶은 것도 하지 못하게 되는 경우가 종종 있기 때문입니다.

청춘의 마음으로 산다는 것은 매우 중요합니다.
마음을 젊게 살면 그 어떤 것도 즐거운 마음으로 해낼 수 있습니다.

080

자신을 사랑하고 축복하기

자신을 사랑하고 축복하면 긍정적인 변화가 일어나게 됩니다. 자신을 더욱 아끼고 사랑하게 됩니다. 목표가 뚜렷하고 실천력이 강해집니다. 모든 일에 감사하며 살게 됩니다. 언제나 꿈을 잃지 않습니다. 자신이 하는 일을 즐거워하게 됩니다.
"자기의 인생을 완성시키기 위해서는 가장 먼저 스스로를 축복하라." 프리드리히 니체의 말입니다.
자기의 인생을 완성시키는 일은 곧 성공적인 삶을 의미합니다. 니체의 말처럼 자신의 인생을 완성시키기 위해서는 자신을 사랑하고 축복해야 합니다. 노력하지 않고는 그 어떤 행복도 성공도 없으니까요.

동서양을 막론하고 성공적인 삶을 산 자들은 하나같이
자신을 사랑하고 축복하였습니다.
왜냐하면 그렇게 할 때 엄청난 에너지가 솟아나 불가능한 일도
능히 하게 되기 때문입니다.

081

시간에 대한 예의

시간은 절대로 멈추는 법이 없습니다. 뒤로도 가지 않고 오직 앞으로만 가는 에고이스트입니다.
하고 싶은 일이 있다면 지금 당장 하십시오. 더 이상 미루는 것은 자신의 인생에 대한 무책임한 일이며 도발적인 배반입니다.
행복한 나를 살고 의미 있는 나를 남기고 싶다면 시간에 대한 예의를 다해야 합니다. 시간은 그런 사람을 좋아하고 그에게 기쁨이란 삶을 선물합니다.

시간을 함부로 낭비하는 것만큼
자신의 삶은 퇴보합니다.
왜냐하면 시간은 그런 자를
결코 용납하지 않기 때문입니다.

자신의 길을 가는 사람은 아름답습니다.
자신의 길을 가되 최선을 다해야 합니다.
그렇게 될 때 원하는 것을 손에 쥘 수 있습니다.

082

자신의 길을 가는 사람

아름다운 청춘은 잘생기고 예쁘고 키 크고 멋진 젊은이를 의미하는 것이 아닙니다. 자신이 무엇을 해야 하는지를 알고 유유히 자신의 길을 가는 젊은이를 말합니다.

지금 자신이 무엇을 해야 하는지 갈피를 잡지 못한다면 더 이상 망설이지 말고, 지금 당장 자신의 힘으로 할 수 있는 일을 시작하십시오. 젊다는 것은 그 어떤 일도 할 수 있다는 것입니다. 더 이상 망설이지 마세요. 더 이상 시간을 죽이고 어두운 골방에서 절망하지 마십시오.

지금 당장 할 수 있는 일을 찾아 시작해야 합니다. 열심히 하다 보면 전혀 생각지도 못했던 일을 만날 수 있습니다. 그리고 그 일은 자신이 새로운 인생으로 활짝 펼쳐나가는 데 있어 발판이 되어 줄 것입니다. 즉 자기만의 블루오션이 될 수 있다는 말입니다.

청춘의 뜨거운 피를 아낌없이 사랑하십시오.

뜨겁게 자신을 사랑하고 열정적으로 행복한 인생을 만들어 보십시오.

083

집으로 가자

안개처럼 어둠이 내리는 저녁이 오면
사람들은 하루의 일상을 가지런히 하고
하나둘씩 불빛을 따라 집으로 간다
거리는 쏟아져 나온 사람들로 들뜨기 시작한다
차들도 한층 바삐 움직이고
거리마다 꽃등 같은 네온사인이 켜지고
아침을 시작하듯 활기찬 저녁이 열린다
어떤 이들은 삼삼오오 식당으로 달려가고
어떤 이들은 아이들에게 줄 빵을 사기도 하고
아내에게 혹은 연인에게 줄 속옷을 사기도 하고
가족들이 둘러앉아 구워 먹을 삼겹살을 사기도 한다
하루 종일 떨어져 있던 사랑하는 이들을 위해
어둠은 축복의 단비가 되어 내린다
사랑하는 가족이 기다리는 집이 있다는 것은
눈물 나게 고맙고 감사한 일이다
평범한 일상이지만 감사함을 잊고 산다는 것은
삶에 대한 불충이며 모독이다
별들이 반짝이며 눈웃음치는 저녁이 오면
짜증 나고 마음 상한 일들은 쓰레기통에 던져버리고
집으로 가자, 눈빛이 아기 사슴처럼 맑은
사랑하는 사람들이 기다리는 집으로 가자

사랑하는 가족이 기다리는 집이 있다는 건 행복입니다.
하루의 일상을 끝내면 기분 좋은 얼굴로 집으로 갑시다.
집은 가족의 꿈이 자라는 행복의 꽃동산입니다.

084

도전이 아닌 인생은 없다

도전이 아닌 인생은 어디에도 없습니다. 아프리카에도 있고, 아메리카에도 있고, 유럽에도, 남미에도 있습니다. 도전은 사람이 있는 곳이라면 항상 존재하는 인생의 파트너와 같습니다.

도전은 힘들고 어렵지만 자신이 원하는 것을 성취했을 때의 그 성취감은 상상을 초월합니다. 그래서 도전을 좋아하는 사람은 힘들고 어려운 걸 알면서도 도전과 모험을 즐깁니다.

인생을 힘들이지 않고 산다면 얼마나 좋을까요. 누구나 한 번쯤은 생각해 보았을 테지만 그렇게 할 수 없는 것이 사람입니다.

도전을 즐기기 위해서는 인생은 모험이라고 여기고 두려움을 버리며 힘들고 어려워도 자신이 원하는 길을 가세요.

남들의 부러움을 사는 일은 몇 배의 노력을 요구합니다. 아니 그 이상을 요구합니다. 그래도 원하는 것이라면 하십시오. 그것이 참 인생의 가치를 가져다줄 것이기 때문입니다.

이 세상에 존재하는 모든 것들은 도전의 결과물입니다.
도전이 없는 인생은 죽은 인생입니다.
자신이 살아 있음을 증명하고 싶다면 도전을 즐기세요.

085

인생을 스케치하기

자신의 인생을 멋지게 스케치하기 위해서는 어떻게 해야 할까요. 자신의 능력을 최대로 발휘할 수 있는 일에 포커스를 맞춰 보세요. 자신의 능력을 잘 발휘하는 일이야말로 가장 잘 해낼 수 있기 때문입니다.

계획을 한번 세웠다면 죽었다 깨어나도 실행하십시오. 실행 없이는 그 어떤 결과도 없기 때문입니다.

자신의 분야에 대해 막힘이 없어야 합니다. 그러기 위해서는 관심 있는 분야에 집중적으로 실력을 쌓아야 합니다.
자신의 인생을 스케치한다는 것은 자기 꿈의 골조를 세우는 일입니다. 골조가 튼튼해야 안전한 빌딩을 건축할 수 있듯, 자신의 꿈을 준비하는 데 있어 한 치의 소홀함도 있어서는 안 됩니다.

> 사람은 누구나 자기 인생의 화가입니다. 화가가 스케치를 하듯 자신의 삶을 스케치하고, 그에 따라 자신의 열정을 쏟아 부을 때 멋진 인생의 그림은 완성되는 것입니다.

눈을 크게 뜨고 하늘을 보라

눈을 크게 뜨고 하늘을 보십시오.

하늘은 높고 세상은 넓다는 것을 알게 될 것입니다. 그런데 하늘도 높고 세상은 넓지만 할 일은 없다고 외치는 젊은이들의 한숨소리가 귓전을 울려댑니다. 그 외침이 너무나 안타까워 마음이 아픕니다. 하지만 그렇다고 언제까지나 그대로 있을 수는 없습니다.

가령 원주에서 서울 가는 방법을 알아봅시다.

첫째, 기차를 타고 가면 됩니다.

둘째, 고속버스를 이용하면 됩니다.

셋째, 시외버스를 타고 가면 됩니다.

넷째, 승용차를 이용해서 가면 됩니다.

다섯째, 택시를 타고 가면 됩니다.

이렇듯 원주에서 서울을 가는 방법은 아주 다양합니다.

이와 마찬가지로 자신이 원하는 일을 갖기 위해서는 처음부터 자신이 목표로 하는 곳만 고집할 필요는 없습니다. 자신이 목표로 하는 곳에 들어갈 수 없다면 그보다는 조금 못한 곳이라도 지원하십시오. 그리고 그곳에서 일을 배우면서 기회를 찾는 것도 좋은 방법입니다.

눈을 어떻게 뜨느냐에 따라 하늘의 크기는 달라 보입니다.
이와 마찬가지로 어떤 마음의 자세를 갖느냐에 따라
인생의 크기는 달라집니다.

087

함정을 조심하기

편한 길로만
가려고 하지 마세요.
편한 길은
언제나 함정이 많습니다.
편하게 해서 어떻게 좋은 결과를
얻을 수 있겠습니까.
이를 경계해야 합니다.

인생의 함정은 대개 크고 화려합니다.
그러나 그 뒷면엔
음침한 함정이 도사리고 있습니다.
겉모습에 취하지 말고,
안락함의 유혹에 빠지지 마십시오.
그렇게 되는 순간
자신의 인생은 끝나버리고 맙니다.

088

인생은 누구나 배우

사람은 누구나 자신의 인생 무대에 선 배우입니다. 무대에 선 배우는 자신의 연기를 보여주어야 합니다. 그냥 아무렇게나 보여주면 다음 무대에서 캐스팅이 되지 않지만, 혼신의 연기를 보여주면 또다시 무대에 오르게 됩니다.

마찬가지로 인생의 무대 역시 되는대로 연기하면 누구나 다 되는 그런 무대가 아닙니다. 한번은 누구나 오를 수 있습니다. 그러나 대충대충 해서는 다시 오를 수 없습니다. 다시 오르기 위해서는 최선을 다해 인생 연기수업을 해야 합니다.

그런데 내 인생이라고 해서 대충 연기를 하려는 사람들을 흔히 보게 됩니다. '저렇게 하면 안 되는데' 하는 안타까운 생각이 들 때가 많습니다. 그렇다고 해서 누군가가 대신해 줄 수 없는 것이 인생의 무대입니다.

인생의 무대를 즐기려면 인생 자체를 즐기십시오. 인생을 즐기기 위해서는 연기력을 쌓아야 합니다. 실력을 갖추라는 말입니다.

나와 연기력이 잘 맞는 배우와 호흡을 맞추십시오. 자신에게 잘 맞는 일을 찾아서 하라는 말입니다.

무대에 올라 신명 나게 연기 판을 벌이십시오. 그러다 보면 나를 알아봐 주는 사람이 생깁니다. 누구에게나 필요한 인생이 되라는 말입니다.

삶은 무대이고 사람은 누구나 인생의 배우입니다. 하지만 진정한 배우는 흔치 않습니다. 진정한 배우는 실력을 쌓을 때만 가능합니다. 자신에게 충실하고 자신의 인생에게 감사할 때 기회는 찾아옵니다.

089

노력은 결과를 속이지 않는다

사람은 사람을 속이고 우롱해도, 노력은 사람을 속이지 않습니다. 노력은 정직합니다. 노력은 힘을 들이는 만큼의 결과를 보장해줍니다. 자신이 들인 힘은 10중에 5인데, 결과를 10을 원하면 절대로 10을 얻지 못합니다. 힘을 들인 5만큼의 결과를 얻는 게 노력입니다.

그런데 사람들은 이런 평범한 이치를 잘 잊는 것 같습니다. 자신이 들인 노력 이상의 결과를 바랍니다. 자신의 원하는 것을 얻으려면 원하는 만큼 노력을 쏟아야 합니다.

노력한 것 이상을 바라는 것은 도둑 심보와 같습니다.
삶은 그런 자에게 절대 노력한 것 이상의 것을 주지 않습니다.
자신이 받고 싶은 만큼 노력하십시오.
그러면 원하는 것만큼 받을 수 있습니다.

090

어떠한 삶을 사는지가 중요하다

오늘날 한 사람에 대한 가치를 학벌로, 학력으로, 재산의 많고 적음으로, 직업으로 따지는 것을 보면 삶에 대해 회의가 느껴집니다.
당부하건대 절대로 물질의 잣대로, 또는 직업의 잣대로, 학벌의 잣대로 사람의 가치를 평가하지 말기 바랍니다. 오직 그 사람이 어떤 마인드로 어떠한 삶을 살고 있는지에 대해 평가하십시오.

인간은 무엇이 되기 위해 살기보다는,
어떻게 사느냐가 더욱 중요합니다.

091

똑똑하게 살아가기

똑똑한 사람은 공부를 잘하는 사람이 아닙니다. 공부를 잘하는 사람은 그냥 공부를 잘하는 사람일 뿐입니다. 하지만 똑똑한 사람은 자신에게 주어진 것은 무엇이든 잘하는 사람입니다.

대개 공부를 기준으로 똑똑하다 똑똑하지 못 하다를 구분 짓고 하는데, 이는 근본적으로 잘못된 것입니다. 공부는 잘 못해도 자신의 일을 잘하는 사람이 있습니다. 가령 손재주가 좋아 공예품을 잘 만들어 그 분야에서 인정을 받는다든지, 또는 노래를 잘해서 그 분야에서 똑소리 나게 자신의 길을 당당하게 잘 해 나가면 그 사람이 똑똑한 사람입니다. 공부에만 똑똑함의 가치를 둔다는 것은 지금의 복합사회에서 시급히 고쳐야 할 문제입니다.

공부를 잘하는 책상머리들은 공부 외엔 잘하는 게 별로 없습니다. 대인관계도 미숙하고 사람이 살아가는데 갖추어야 할 근본자세가 미흡한 면이 많습니다. 그리고 자신만 아는 경향이 많습니다. 그러다 보니 배려심도 부족한 편입니다.

왜 그럴까요? 그 이유는 친구와 어울리는 법을 배워야 할 시기에 공부에만 몰입했기 때문입니다. 이런 사람은 공부 외적인 것에는 갑갑할 정도일 때가 많습니다. 이런 사람을 똑똑한 사람이라고 할 수는 없을 것입니다.

진정으로 똑똑한 사람이 되기 위해서는 자신의 일을 책임 있게 잘 해나가야 합니다.

성공적으로 살아가는 사람들 중엔 공부는 못했어도, 자신이 좋아하는 분야에서 두각을 나타내며 만족하게 사는 사람들이 있습니다. 그런 사람이 진정으로 똑똑한 사람입니다.

똑똑한 사람은 자신에게 주어진 일을 거침없이 잘 해내는 사람입니다.

092

비관은 절대 금물

지금 이 순간 자신에 대해 비관하거나
또는 방관하는 젊은이가 있다면
비생산적인 생각의 울타리를 걷어내야 합니다.
그리고 그 자리에 꿈나무를 심으십시오.
반드시 그리해야 합니다.
그것이 자신을 살리고 키우는 일입니다.
저는 대한민국의 젊은이들을 믿습니다.
제 믿음이 깨지지 않기를 늘 기도합니다.

비관은 부정적이고 비효율적인 마인드입니다.
왜냐하면 긍정적이고 생산적인 생각까지도 부패시키기 때문입니다.
비관에서 벗어나십시오.

093

갈증

그대가 곁에 있어도
나는
늘
목이 마르다

사랑은 아무리 받아도 갈증을 느끼게 됩니다.
왜냐하면 사랑은 많이 받으면 받을수록 행복하기 때문입니다.
그러나 진정한 행복을 위해서라면 받기보다는
더 많은 사랑을 사랑하는 이에게 주어야 합니다.

094

자신의 별을 품자

자신이 무척이나 좋아하는 것은 별과 같은 것입니다. 자신이 좋아하는 것을 마음에 품거나 소유하는 것은 별을 품는 것과 같습니다.
자신의 별을 품으세요. 그리고 그 별을 사랑하십시오. 그러면 마음이 풍요로워지고 따뜻해질 것입니다.
자신의 인생을 행복하게 사는 사람들은 자신의 별을 사랑하는 사람들입니다. 자신이 행복한 인생을 살고 싶다면 자신의 별을 품고 사랑하십시오.

자신이 하고 싶은 일, 자신이 좋아하는 사람,
자신의 소망하는 것은 별과 같습니다.
자신의 별을 사랑한다면
아낌없이 자신을 사랑하고 노력하십시오.

095

장사익 이야기

개성 있는 목소리로 대중가요는 물론 국악, 재즈에 이르기까지 다양한 장르의 노래를 부르는 소리꾼 장사익.

그는 노래를 하기 전에 여러 일을 했다고 합니다. 그러나 하는 일마다 잘 안 됐고 어떤 일에도 만족할 수 없었답니다. 그래서 그는 국악기인 태평소를 혼신을 다해 불며 실력을 키웠고 여기저기서 상을 받았습니다. 그러는 가운데 자연스럽게 노래를 하게 되었고, 결국 노래는 그의 인생을 송두리째 바꾸어 놓았습니다. 그가 하고 싶은 일을 찾았기 때문입니다. 그는 자신이 하고 싶은 것을 할 때까지 힘든 일이 많았지만, 잘 견뎌냈기에 실력 있는 소리꾼으로 인정받으며 만족한 삶을 살고 있는 것입니다. 만일 그가 골방에 웅크리고 있었더라면 지금의 그는 없었을 것입니다.

"담대하라. 그리하면 어떤 큰 힘이 당신을 도와주려 할 것이다."
이는 베이실 킹이 한 말입니다.
웅크리는 자에게 돌아오는 것은 삶을 상실하는 일이지만, 담대하게 나가는 자에겐 누군가의 도움이 따르게 됩니다.
그것을 잊지 마십시오.

마음을 졸이면 몸은 웅크려집니다.
어떤 일에도 웅크리지 말고 나아가십시오.
나아가면 길이 열립니다.

096

갈매기의 꿈

리처드 버크의 소설《갈매기의 꿈》에는 조나단이란 갈매기가 나옵니다. 조나단은 동료 갈매기들이 뭐라 하던 틈만 나면 하늘을 나는 연습을 했습니다. 갈매기들은 그런 조나단을 조롱하며 이상하게 생각했지만, 조나단은 그런 것쯤은 모른 척 넘어갔습니다. 일일이 대응한다는 것은 자신의 꿈을 이루는데 하등에 도움이 되지 않았기 때문입니다.

그리고 오랜 시간이 지나자 조나단은 가장 높이, 가장 멀리 나는 갈매기가 되었습니다. 조나단은 마침내 자신의 꿈을 이루었습니다.

이 작품을 쓴 리처드 버크는 아무도 알아주지 않는 무명작가였습니다. 하지만 자신은 반드시 베스트셀러 작가가 될 것을 굳게 믿었습니다. 그는 "나의 작품이 전 세계적으로 인정받는 날이 반드시 오고야 말 것이다."라고 믿으며 그날을 향해 꿈의 엔진을 멈추지 않고 달려갔습니다.

지성이면 감천이란 말처럼 그의 노력과 정성은 마침내 그를 유명한 작가가 되게 했습니다. 그의 소설《갈매기의 꿈》은 세계의 고전이 되어 널리 읽히는 명작이 되었습니다.
리처드 버크는 자신의 꿈을 방해하는 내면의 적을 물리치고, 세계적인 작가가 되었던 것입니다. 작품 속에 갈매기 조나단은 바로 그 자신이었던 것입니다.

무엇인가를 시작했으면 끝까지 해야 합니다.
그래야 그 어떤 결과라도 얻게 될 수 있습니다.
만일 그렇지 않으면 그 어떤 결과도 얻을 수 없습니다.

097

간절히 원하면
반드시 이루어진다

파울로 코엘료는 "무언가를 간절히 원할 때 온 우주가 소망이 실현되도록 도와준다."고 말했습니다.
그의 말에서도 알 수 있듯 그가 세계적인 작가가 될 수 있었던 것은, 무언가를 간절히 원할 때 온 우주가 소망이 실현되도록 도와준다는 그의 간절한 믿음 때문이었습니다.
자신이 얻고 싶은 것이 있다면 간절히 원하십시오.
그냥, 잘 됐으면 좋겠다가 아니라 온 마음으로 기도하는 간절한 원함을 보여야 합니다. 그리고 진정성 있게 실천해야 합니다. 실천이 따르지 않는 간절함은 그림의 떡과 같습니다.

자신이 하는 일에 열정을 갖고 하되
마음으로부터 간절히 원해야 합니다.
간절히 원하는 마음이 최선을 다하게 합니다.

새로운
의미를 발견하기

관광을 즐기는 사람들은 크게 두 가지 형태로 나눌 수 있는데 풍경을 바라보며 즐기거나 둘째는 즐기는 것에 그치지 않고 본 것을 통해 새로운 생각을 하는 것입니다.
풍경을 보기만 하는 사람들은 그저 보고 즐기는 유희뿐인 관광이라면, 생각하며 보는 사람들은 새로운 의미를 발견함으로써 자신을 보다 새롭게 가꾸는 창조적인 관광이라고 하겠습니다.
삶도 관광과 같습니다. 우리는 날마다 보고 듣고 느끼고 생각하는 삶을 삽니다. 그런데 어떤 사람은 소모적인 삶을 살고, 어떤 사람은 생산적이고 창조적인 삶을 삽니다. 이 두 사람의 차이점은 지금 당장은 잘 모르지만 시간이 흐름에 따라 놀라울 만큼 격차가 벌어지게 됩니다.
그렇다면 어떤 유형의 사람이 되어야 할까요. 보는 것만 즐기는 것이 아니라 본 것을 통해 새로운 자신을 발견하고 새로운 삶의 진로를 모색하는 생산적인 사람이 되어야 할 것입니다.

삶을 생산적이고 창조적으로 살아가기 위해서는
창조적인 마인드를 가져야 합니다.

099

힘들어도 내 인생이다

하버드대 심리학교수인 윌리엄 제임스는 “인생을 바꾸려면 지금 당장 시작하여 눈부시게 실행하라. 결코 예외는 없다.”라고 말했습니다.

저명한 자기계발전문가인 노만 빈센트 필 박사는 “사람들은 할 수 있다고 생각하기 시작할 때라야 가장 비범한 모습을 보이게 된다. 자기 자신을 믿을 때 성공의 첫 번째 비결을 갖게 되는 것이다.”라고 말했습니다. 어려움을 견디고 자신의 꿈을 위해 행동으로 옮길 수 있다면, 반드시 자신이 원하는 것을 얻을 수 있을 것입니다.

나 역시 청춘 시절을 힘들게 보냈습니다. 너무 힘들어 울기도 했습니다. 갈등을 하기도 했습니다. 아무도 없는 곳으로 가서 내 자신에 대해 곰곰이 생각하곤 했습니다.

그러나 그런 와중에도 한 번도 꿈을 포기한 적은 없었습니다. 힘들면 더욱 이를 악물었습니다. 내가 하지 않으면 나를 위해 대신 해줄 사람이 없었습니다. 닥치는 대로 책을 읽고 상상하고 꿈을 키웠습니다. 청춘 시절 내가 겪었던 아픔과 고통은 내게 소중한 경험이 되어 작가로 글을 쓰는 데 큰 도움이 되고 있습니다.

내가 시, 소설, 동화, 동시, 에세이, 교양서, 자기계발서, 교육서, 철학 등 모든 장르의 글을 쓰는 멀티라이터가 될 수 있었던 힘은 젊은 날 소중했던 다양한 경험들 덕입니다.

양지에서 자란 식물은 음지를 만나면 시들어 죽고 맙니다. 하지만 비바람을 맞으며 자란 식물은 어디에서나 잘 자랍니다.

우리의 삶도 이와 같습니다.

그러므로 부자 친구들을 부러워하지 말고, 환경이 좋은 친구를 보며 자신이 불행하다고 여기지 말아야 합니다.

아프지 않은 청춘은 없습니다. 하지만 그 아픔은 희망을 위한 아픔이라는 걸 한시도 잊지 말아야 할 것입니다.

사람은 누구나 자기 인생을 살 권리가 있습니다. 그런데 그 권리를 지키며
살기 위해서는 스스로 헤쳐나가지 않으면 안 됩니다.
모든 인생의 책임은 자기 자신입니다.

100

자기만의 철학 갖기

새로운 생각으로 가득 찬 사람은 혁신적이고, 긍정적이고, 창조적이어서 지금의 자리에 머물러 있는 것을 싫어합니다. 그래서 새로운 것을 찾기 위해 구하고 두드리고 발 빠르게 움직입니다.

그러면 무엇이 새로운 생각을 갖게 하는 걸까요.

그것은 곧 자기만의 철학입니다. 자기만의 철학을 가져야만 주관이 분명하고 긍정적인 마인드를 갖게 됩니다. 하지만 철학이 없는 사람은 늘 물가에 있는 어린아이같이 위태위태합니다. 철학이 없다는 것은 뿌리 없는 나무와 같아 작은 시련에도 쉽게 넘어지고 포기합니다. 그래서 새로운 삶을 살아갈 수 없는 것입니다.

자기만의 철학이 있는 사람은 남들이 뭐라 하든 간에 자신의 색깔이 분명해서, 자기가 옳다고 하는 일이나 하고 싶은 일은 목숨을 걸고 하는 성향이 있습니다. 이렇듯 자기만의 철학은 중요한 인생의 빛이며 꿈을 주는 나침반입니다.

자기만의 철학이 있는 사람은
어떤 상황에서도 결코 쓰러지는 법이 없습니다.
자기만의 철학은 자신의 삶의 중심을 잡아주는 중심 추와 같기 때문입니다.

101

허공

구름 한 점 없이 맑다
푸르다
고요하다

아, 텅 비어서 더 장엄하고
아름다운 하늘

새들이
꽃처럼 날개를 활짝 펴고
무리 지어 날아간다

아, 비어서 더 엄숙하고
고고한 하늘

텅 빈 충만함을 느낄 수 있을 때 삶의 진실을 깨닫게 됩니다.
허공은 비어있는 공간이나 그래서 더욱 충만합니다.

작가인 내가 자랑스럽다

저는 작가인 것이 자랑스럽습니다.

그 어떤 정치가나 기업가나 고급공무원이나 그밖에 남들이 부러워하는 직업보다도 작가인 제가 자랑스럽고 좋습니다.

제 상상력으로 만든 작중인물과 사건을 내가 추구하는 주제의식에 맞춰 작품을 탄생시키는 창조적인 작업인 글쓰기를 저는 사랑합니다.

저는 오늘도 책을 읽고 글을 씁니다.

저는 작가인 제가 참 좋습니다.

자신의 일에 긍지를 갖는다는 것은 행복한 일입니다.
자신의 일을 아끼고 사랑하십시오.

103

인위적인 재앙

지금 지구는 심한 몸살을 앓고 있습니다. 인간들이 하도 괴롭힘을 주어 상처가 나고 드디어 곪기 시작했습니다. 인간들이 자신들의 더러운 욕망을 위해 마구 자연을 파헤치고 더럽히고 오염시켰기 때문입니다.

인간에게 먹을 것과 땔 것을 비롯해 모든 것을 아낌없이 주던 자연이 배은망덕한 인간들로부터 배신을 당하고 분노하고 있습니다.

최근 몇 년 동안 세계가 이상 현상으로 심각한 상태에 이르렀습니다.

몇 년 전 인도네시아를 비롯한 주변국가에 밀어닥친 쓰나미로 수만 명이 죽고 다치고 천문학적인 재산상의 손실을 입었습니다.

또한 중국을 강타한 지진, 남아메리카의 아이티와 칠레를 강타한 지진, 뉴질랜드를 강타한 지진, 아이슬란드를 공포에 빠트린 화산분출, 그리고 일본을 강타한 지진과 해일로 만 명 넘게 죽고 실종된 이들도 만 명이 넘습니다. 거기에다 후쿠시마 원자력발전소가 파괴되면서 분출하는 방사능 물질로 인해 전 세계가 전전긍긍하고 있습니다.

그리고 우리나라 축산 농가를 초토화 시킨 구제역으로 인해 아름다운 삼천리금수강산은 동물들의 무덤으로 변해 버렸습니다.

자연재해현상은 인간의 욕심이 만들어 낸 인위적인 재앙입니다.

자연을 파괴하는 행위는 인간을 멸망에 이르게 하는 불행한 일입니다.
소중한 자연을 아끼고, 잘 보존하는 것이
인류의 미래를 꽃피우는 일입니다.

104

멀리 보는 눈이 아름답다

자신이 진정으로 행복한 삶을 살기를 원한다면 자신의 앞만 바라보지 마십시오. 그건 근시안적인 것에 불과합니다. 적어도 남과 다른 내가 되고 싶다면 자신의 목적을 정하되 멀리 내다보는 안목을 키워야 합니다.

높이 나는 새가 멀리 보고 더 빠르게 먹이를 구하는 것처럼, 우리의 삶 또한 그렇다는 것을 마음에 새겨 실천한다면 분명 보람 있는 인생을 살게 될 것입니다.

미국의 심리학자인 윌리엄 제임스는 "일단 어떤 결단을 내리면 그다음에 해야 할 일은 오직 실천뿐이다. 그 결과에 대한 책임과 걱정은 완전히 버려야 한다."고 말했습니다.

멀리 내다보고 자신이 품은 꿈을 향해 힘써 나아가십시오.

근시안적인 마인드로는 큰일을 해낼 수 없습니다.
작은 일에 갇혀 보다 나은 일을 놓치기 때문입니다.

105

꿈을 위해 일하기

돈을 보고 일하지 말고 꿈을 위해 일해야 합니다. 꿈은 사람을 나쁜 길로 가게 하지 않습니다. 꿈은 사람들에게 진정성을 품게 하고 땀방울의 소중함을 가르쳐줍니다.

또한 살아가는 목적이 되게 하고 기쁨을 주고 자신의 존재가치에 대해 소중하게 만듭니다. 그래서 꿈을 위해 노력하는 사람들의 얼굴은 3월 봄빛처럼 환하고 마음은 부드럽고 온화합니다.

꿈은 사람을 긍정적으로 변화시키고 능동적으로 만듭니다. 꿈은 용기를 주고 보람을 갖게 하며 마르지 않는 샘처럼 기쁨을 줍니다.

꿈을 위해 일하는 사람은 망하는 법이 없지만,
돈을 보고 일하는 사람들은 망하기 십상입니다.
꿈을 위해 일해야 합니다.
그러다 보면 자신이 원하는 것을 손에 넣을 수 있습니다.

106

나의 꿈
나의 인생

내가 전업 작가가 된다고 했을 때 주변에서 많이 말렸습니다. 선불리 하다간 밥 굶기 십상이라고 했습니다. 그러나 나는 두 귀를 닫아걸고 내가 선택한 길을 걸어왔습니다.

고백하건대 그동안 경제적으로 많은 어려움을 겪었습니다.

그러나 책 쓰는 열정을 버릴 수 없었습니다. 베스트셀러 작가도 아니면서 지금까지 버텨올 수 있었던 것은 글은 나의 목숨이고 천직이기 때문입니다.

출퇴근이 없는 자유로운 시간이지만 나는 직장인들처럼 하루에 8시간 이상 글을 씁니다. 그렇게 하지 않으면 마음자세가 흐트러질 수 있기에 나는 내가 정한 원칙을 꼭 지키고 있습니다.

여기서 제가 정한 원칙을 소개하는 것도 좋을 듯합니다.

첫째, 하루에 8시간 글쓰기.

둘째, 하루에 최소한 2시간 독서하기.

셋째, 사색과 산책하기.

넷째, 밥은 하루에 두 끼만 먹기.

다섯째, 6시간 잠자기.

이렇게 원칙을 지킨 덕에 시집, 소설, 동화, 동시, 교양서, 자기계발서, 자녀교육서 등 지금까지 160여 권의 책을 냈습니다.

지금도 나에겐 꿈이 있습니다. 누구에게나 사랑받는 책을 내는 것입니다. 단 한 권만이라도 헤밍웨이의 《노인과 바다》나 톨스토이의《전쟁과 평화》같이 오랜 고전으로 두고두고 읽히는 책을 남기는 것이 제 꿈입니다.

자신의 꿈을 위해 사는 것처럼 행복한 것은 없습니다.
길이 아무리 험난해도 참된 행복을 위해서라면 주저하지 말고
그 길을 가십시오

107

자신의 힘으로 하기

인생은 파란 카펫과 레드 카펫이 깔려 있는 멋진 길이 아닙니다. 파란 카펫을 깔던 레드 카펫을 깔던 그것은 오직 자기의 힘으로만 할 수 있는 일입니다. 그것을 한순간도 잊지 마십시오. 그것을 잊는 순간 자신의 인생도 쓸쓸히 마침표를 찍고 말 것입니다.

자신에게 주어진 것은 자신의 힘으로 해결하십시오.
그것만이 자신이 원하는 것을
얻을 수 있는 가장 확실한 방법입니다.

108

마음의 눈

인간이란 우주 만물의 으뜸입니다.

창조주께서도 피조물 가운데 유독 인간들에게만 창의력, 자생력, 생각하는 힘, 윤리와 도덕관을 주셨습니다. 이것은 인간만이 누리는 축복입니다. 이것을 가벼이 한다는 것은 축복에 대한 모독입니다. 축복을 뿌리치는 자는 두 번 다시는 축복을 받을 수 없고 기대할 수 없습니다.

바른 나를 보는 눈을 가져야 합니다.

볼 것만 보고 들을 것만 들어야 합니다.

괴테는 "인간은 자기를 육체적으로나 도덕적으로나 반성해 보면 대개는 자기가 병에 걸려있는 것을 발견한다."라고 말했습니다. 이 말의 의미는 자신을 바로 보는 의식이 있을 때 건강한 삶을 살 수 있고, 영원히 행복한 인생을 구가할 수 있다는 것입니다.

마음의 눈이 밝아야 합니다.

마음의 눈이 밝으면 생각도, 행동도 바르게 하게 됨으로 실수가 없습니다.
건강하고 행복하게 살기 위해서는 마음의 눈을 밝게 해야 합니다.

109

사랑의 독

그리움도 지나치면 독毒이 된다.

지나친 그리움을 경계하십시오.
하지만 그 도가 지나치면 행복의 길로부터 멀어지게 됩니다.
사람은 그리워하는 마음을 갖고 살아야 합니다.

110

공기 같은 사람

공기는 바늘구멍보다도 작은 틈만 있어도 어디든지 스며듭니다. 거침이 없습니다. 틈만 있으면 그곳이 어디든 스며들어 자신의 존재를 드러내는 게 공기입니다. 또한 공기는 사람이든 동물이든 나무든 꽃이든 살아 있는 모든 것들에게 소중한 존재입니다. 공기가 잠시라도 사라진다면 살아남을 생명체는 하나도 없습니다.

그만큼 공기는 절대적 가치를 지닌 존재입니다.

어떤 상황에서도 살아남는 자가 진정으로 강한 자입니다.
스스로에게 강하되 누구에게나 필요한 사람이 되십시오.

三

신념도 습관이다

신념이 강한 사람들은 신념을 기르기 위해 노력했음을 알 수 있습니다. 말하자면 신념을 수업처럼 여겼던 것입니다. 그들은 신념을 기르기 위해 마음을 다스리는 책을 읽고 그대로 따라서 해 보기도 하고, 자신의 연약한 마음을 다독이며 몸과 마음을 하나로 모으고 정진하는 데 온 힘을 기울이며 노력하였습니다.

날마다 반복되는 일상에서 몸과 마음은 강인하게 변했고, 그것은 곧 그 무엇에도 절대 좌지우지되지 않는 강직하고 곧은 신념이 되었습니다.

강직한 신념을 기르기 위해서는, 스스로를 강하게 단련시켜야 합니다.
신념도 수련에서 비롯되기 때문입니다.

112

유머의 힘

유머는 사람과 사람 사이를 부드럽고 따뜻하게 해줍니다. 처음 본 사람도 유머를 즐기는 사람에게 친근감을 느끼고 서먹함이 적어집니다. 유머는 막힌 혈관을 뚫어 피가 잘 돌게 하듯, 사람과 사람 사이의 관계를 매끄럽게 이어줌으로써 목적하는 일을 유리하게 만들어 줍니다.

현대 사회에서 유머는 소통을 위해 반드시 필요합니다.
유머는 처음 본 사람도 친근감을 갖게 하는 '소통의 핵'입니다.

상식은 소통의 힘

상식은 사회생활의 기본입니다. 상식이 풍부하면 할수록 대인 관계에서 유리한 입장에서 대화를 이끌어 낼 수 있습니다. 많이 안다는 것은 많은 기회를 가질 수 있다는 것과 일맥상통합니다. 많이 알면 다양한 계층의 사람들을 만났을 때도 자연스럽게 대화를 유도해 나갈 수 있습니다. 사람들은 대개 많이 아는 사람에게 믿음을 보이고 그와의 관계를 자연스럽게 받아들이는 경향이 있습니다.

많이 아는 사람을 알고 지내면 손해 볼 것 없다는 심리 때문입니다. 즉 자신에게 득이 된다는 생각을 합니다. 그 사람을 통해 무언가를 배울 수 있고 도움을 구할 수 있다고 생각하는 것입니다.

그렇다면 실례를 들어보겠습니다.

어떤 사람이 자신이 모르는 것을 물어보았을 때 친절하게 설명해주었다고 하지요. 그랬을 때 어떤 반응을 보일지를 생각해보십시오.

"덕분에 잘 알았습니다. 정말 고맙습니다."

상대방은 자신이 모르는 것을 알게 된 것에 대해 고마움을 표할 것입니다. 그러면 상대방에게 좋은 인상을 심어주게 되고 그로 인해 소통이 자연스럽게 이뤄집니다.

많이 안다는 것은 그만큼 성공할 기회가 많다는 것입니다.
아는 만큼 길은 열려 있는 법입니다.

114

꿈이 있는 사람

꿈이 있는 사람 얼굴엔 언제나 미소가 꽃처럼 피어있습니다. 눈은 초롱초롱 빛나고 생기 있는 모습은 보는 것만으로도 즐겁습니다. 꿈은 사람에게 에너지를 불어넣어 줍니다. 그래서 꿈이 있는 사람은 활력이 넘치고 매사를 긍정적으로 생각하고 능동적으로 행동합니다.

하지만 꿈이 없는 사람은 시들은 꽃처럼 생기가 없고 매사를 부정적으로 생각하고 행동은 언제나 수동적입니다.

꿈이 있고 없고는 한 사람의 인생을 극과 극으로 벌려놓습니다. 꿈이 있는 사람은 행복하게 살아가지만 꿈이 없는 사람은 삶을 불행이라고 여깁니다.

여기서 분명히 해둬야 할 것이 있습니다. 그것은 열정이 함께 하는 꿈이라야 하는 것입니다. 아무리 찬란하게 빛나는 꿈을 품고 있어도 그 꿈을 실현시키려는 열정이 없다면 그것은 진정한 꿈이라고 할 수 없기 때문입니다.

열정이 있는 꿈은 성공을 부르지만,
열정이 없는 꿈은 실패로 끝나고 맙니다.

115

희망이 좋아하는 사람

희망은 새로운 생각, 새로운 목표, 새로운 꿈으로 무장되어 있는 자에게는 언제나 러브콜을 보냅니다. 동서고금을 막론하고 새로운 인생을 개척하여 성공한 이들은 모두 같은 마인드를 가졌었습니다. 희망이 이끄는 대로 잘 따르고 잘 받아들였던 것입니다.

희망을 실현시키고 싶다면 언제나 새로운 생각을 하고,
새로운 지식을 길러야 합니다.
희망은 새로운 세계를 여는 '열쇠'입니다.

승자와 패자

승자와 패자에겐 몇 가지 대비되는 특징이 있습니다.
승자는 무슨 일이든 낙관적이고 긍정적으로 생각합니다.
성공을 예감하고 일을 시작합니다.
길이 없으면 길을 찾고 찾아도 없으면 길을 만들어서 갑니다.
창의적인 상상력을 가졌습니다.
반면에 패자는 무슨 일이든 비관적이고 부정적으로 생각합니다.
성공을 예감하기보단 되는 대로 일을 시작합니다.
길이 없으면 갈 생각을 아예 하지 않습니다.
고정관념에 사로잡혀 변화를 두려워합니다.

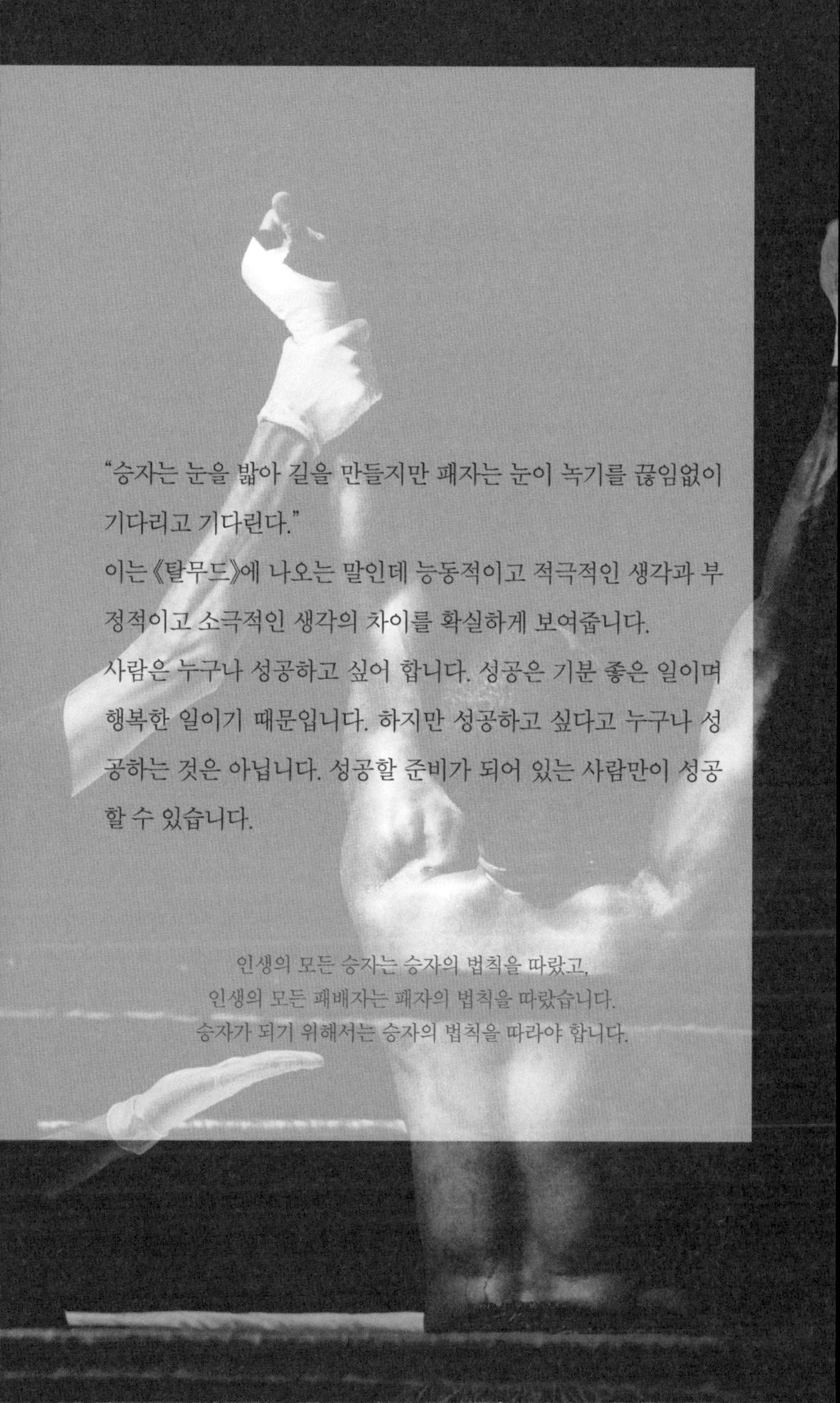

"승자는 눈을 밟아 길을 만들지만 패자는 눈이 녹기를 끊임없이 기다리고 기다린다."

이는《탈무드》에 나오는 말인데 능동적이고 적극적인 생각과 부정적이고 소극적인 생각의 차이를 확실하게 보여줍니다.

사람은 누구나 성공하고 싶어 합니다. 성공은 기분 좋은 일이며 행복한 일이기 때문입니다. 하지만 성공하고 싶다고 누구나 성공하는 것은 아닙니다. 성공할 준비가 되어 있는 사람만이 성공할 수 있습니다.

인생의 모든 승자는 승자의 법칙을 따랐고,
인생의 모든 패배자는 패자의 법칙을 따랐습니다.
승자가 되기 위해서는 승자의 법칙을 따라야 합니다.

117

내 인생의 라이프 키Life key

존경하는 인물은 자신의 '미래의 성'을 활짝 열어주는 '라이프 키'와 같습니다. '라이프 키'란 아직은 열어보지 못한 자신의 미래의 성을 열게 하는데 결정적인 도움을 주는 대상을 말합니다. 고대 그리스의 대표적인 철학자 에픽테토스는 다음과 같이 말했습니다.

"반짝이는 등대가 바다를 항해하는 배들에게 갈 길을 열어주는 것 같이, 빛나는 인격은 사람들에게 살 길을 보여준다."

에픽테토스가 말하는 '빛나는 인격'은 자신이 존경하는 인물을 말합니다. 존경하는 인물은 인생의 조언자이자 나침반과 같아 어디로 가야 할지 몰라 방황하는 이들에게 길을 제시해 줍니다. 문제는 존경하는 인물을 가슴에 품고 있다고 해서 무조건 길을 제시해 주는 것은 아니라는 것입니다. 성공적인 삶을 살기를 원한다면 존경하는 이가 실행했던 것과 똑같이 행하는 열정과 노력이 뒤따라야 합니다. 열정과 노력을 얼마만큼 들이느냐에 따라 그만큼의 성공적인 삶을 살 수 있는 것입니다.

자신이 닮고 싶은 사람을 목표로 해서 실천한다면,
그와 똑같이는 아니더라도 그와 비슷한 사람은 될 수 있습니다.
범인들 중에서 이것만으로도 훌륭한 성공이라고 할 수 있습니다.

118

자신을 믿고 실천하기

그 어느 것도 그냥 되는 것은 없습니다. 길가에서 흔히 보는 하찮은 들꽃도 꽃을 피우기 위해 비바람 맞아가면서도 끝까지 버텨낸 끝에 꽃을 피운 것입니다. 비바람에 뿌리가 뽑혀나갔다면 그것은 말라비틀어진 잡초로 끝나게 됩니다.
자신이 원하는 대로 사느냐 못 사느냐 하는 것은 오직 자신에게 달려 있습니다. 자신을 믿고 실천하십시오.

자신이 무언가를 이루고 싶다면 자신을 믿고 실천하십시오.
할 수 있다는 믿음과 실천이 함께하면 그 어떤 것도 이뤄낼 수 있습니다.

119

상대의 마음을 사자

우리 주변에서 보면 실력이 출중한 사람 가운데 직장생활에 적응을 하지 못하고 그만두는 경우를 종종 보게 됩니다. 그런데 그 원인이 직장상사와 동료 사이에 소통이 원활하지 못해서인 경우가 많습니다. 소통은 대인관계에 있어 그 어떤 조건보다도 중요합니다. 소통은 인간관계의 동맥과도 같습니다. 동맥이 막히면 뇌졸중이나 심근경색으로 목숨이 위태롭듯 타인과의 소통이 막히면 삶의 심근경색으로 불행한 인생이 될 수 있음을 유념해야 할 것입니다.

소통을 잘하고 행복한 삶을 살고 싶다면 자신의 생각을 조금만 바꾸면 됩니다. 물론 자신의 생각을 바꾸지 않는 한 어려운 일이 될 수도 있지만, 마음만 먹으면 식은 죽 먹기보다도 쉬운 일입니다.

인간관계에서 좋은 결과를 낳고 싶다면 상대의 마음을 사는 일에 관심을 가져보십시오. 상대의 마음을 사는 일처럼 바람직한 소통은 없습니다.

소통은 인간관계의 동맥과도 같습니다. 인간관계가 단절되는 순간 자신의 삶은 퇴보하고 맙니다.

120

적극적인 사고방식

큰 성공 뒤엔 반드시 그만한 이유가 있습니다. 무슨 일이든지 그냥 이루어지는 것은 없습니다. 우연하게 이루어지는 성공도 따지고 보면 꾸준한 노력의 결과라는 사실을 알아야 합니다.

성공한 사람들에게서 발견되는 한 가지 공통점은 그들의 성공은 한순간에 이루어진 것이 아니라 자신이 세운 목표를 향해 끊임없이 노력하는 가운데 실현되었다는 사실입니다. 그들은 보통 사람들이 가지고 있지 않는 적극적인 사고방식을 가지고 있습니다. 적극적인 사고방식은 그 사람의 타고난 성격에도 있지만 그보다는 후천적인 교육을 통해 얻어집니다.

적극적인 사고방식은
불가능도 가능하게 하는
'라이프 매직'입니다.

진정한 부富

"누군가에게 생애 최고의 날을 만들어 주는 것은 그리 힘든 일이 아니다. 전화 한 통, 감사의 쪽지, 몇 마디의 칭찬과 격려만으로도 충분한 일이다."

이는 댄 클라크가 한 말입니다.

"다른 사람을 행복하게 할 때 행복은 비로소 나에게 찾아온다."

이는 그레타 팔머의 말입니다.

댄 클라크와 그레타 팔머의 말의 요지는 남을 위해 사는 것이 곧 내가 잘 되는 일이라는 것입니다. 남을 잘 되게 하면 긍정적인 에너지가 발동하여 자신은 더욱 잘 된다는 것입니다. 역사는 우리에게 수많은 사건과 사례를 통해 그것을 증명하고 있습니다.

진정한 부富는 매사에 감사한 마음으로 살고, 나도 잘 되고 남도 잘 되게 할 때 온다는 것을 잊지 마십시오.

물질을 축적했다고 해서 진정한 부는 아닙니다.
그보다는 타인에게 유익함을 주고 꿈을 주는 것이 진정한 부입니다.

122

휴식의 중요성

아무리 좋은 기계도 때가 되면 쉬게 해줘야 합니다. 그렇지 않으면 작동을 멈추는 일이 생깁니다. 장거리 여행을 할 때 자동차도 틈틈이 쉬게 해야 합니다. 기계나 자동차도 쉬게 해야 뒤탈이 없듯 사람 또한 때가 되면 쉬어야 합니다. 사람의 몸은 생리적으로 잘 때 자고 쉴 때 쉬게 해주어야 합니다. 그렇지 않으면 자동차 엔진이 과열을 일으키는 것처럼 몸에 치명상을 줄 수 있습니다. 그러기 때문에 휴식할 땐 철저하게 휴식하여 몸과 마음에 쌓인 피로의 노폐물을 말끔히 씻어내야 합니다.

여기서 확실히 해 둘 것은 휴식은 그냥 먹고 노는 것이 아니라는 것입니다. 휴식은 삶을 재충전시키는 회복의 시간입니다. 즉 몸과 마음에 새로운 에너지를 갈아주고 일보전진을 위한 에너지를 축적하는 '라이프 골든타임'입니다.

휴식은 삶을 재충전시키는 회복의 시간입니다.
똑똑하게 휴식하십시오.

123

인연의 끈

사람은 혼자서는 살 수 없는 존재입니다. 하나님께서는 인류를 창조할 당시 더불어 살아가도록 했던 것입니다. 더불어 살아간다는 것은 타인과 함께하는 마음이 함께 할 때만이 가능합니다. 그만큼 더불어 살아간다는 것은 아름답고 소중한 일입니다.

사람과 사람이 만나는 것은 인연이 작용하기 때문입니다.

'나와 너', '너와 나'는 인연이 끈이 작용할 때만이 맺어지는 것입니다. 이렇게 해서 맺어진 인연을 소중하게 여기면 서로에게 좋은 에너지가 작동하게 됩니다. 그래서 서로를 잘되게 하고, 아름다운 관계를 이어나갑니다. 인연은 인간관계를 소중하게 하는 '소통의 다이아몬드'입니다.

인연을 소중히 하십시오. 인연을 소중히 여기는 자에게 삶은 아낌없는 사랑을 선물할 것입니다.

성공적인 인생을 산 이들은 하나같이 인연을 소중히 하였습니다.
그들이 성공할 수 있었던 배경에는 소중한 인연들이
힘이 되어주었던 것입니다.

124

인생의 보약

웃음으로 자신의 인생을 멋지게 바꿔보십시오.
잘 웃게 되면 얼굴구조가 바뀐다고 합니다. 잦은 근육의 수축으로 인해 웃는 얼굴이 되어 살짝만 웃어도 크게 웃는 것처럼 보여 사람들에게 좋은 이미지를 심어줍니다. 좋은 이미지를 준다는 것은 자신을 상대방에게 각인시킴으로써 원만한 소통에 있어 유리한 고지를 점하는 것과 같습니다.
웃음은 참 좋은 인생의 보약입니다. 잘 웃으면 건강에도 좋고, 삶도 막힘없이 잘 진행됩니다.
허브 향처럼 향기로운 사람이 되십시오. 마음껏 크게 웃으십시오. 생각지도 못한 일이 넝쿨 채로 굴러들어오는 경험을 하게 될 것입니다.

웃음처럼 상대를 편안하게 해주는 것은 없습니다.
웃음은 상대와 자신을 하나의 마음으로 묶어주는
'마인드 칩'입니다.

125

풍경

부러진 늙은 밤나무 가지 끝에 앉은
까치 한 마리가 아래를 굽어보고 있다

적막한 고요가 한 줄기 바람이 되어
허공을 가르며 날고 있다

마음의 여유를 가져야 합니다.
마음의 여유는 묵은 마음을 말끔히 씻어주는 '멘탈 여과지'입니다.

심은 대로 거둔다

모든 결과는 자기가 심은 대로 나타나는 법입니다. 콩을 심으면 콩을 수확하고, 팥을 심으면 팥을 수확하는 것과 같은 이치입니다. 남에게 대접받고 사는 사람들을 보면 그들이 먼저 상대방을 대접했다는 걸 알게 됩니다. 남을 대접하는 행위는 따뜻한 관심을 표명하는 것입니다. 자신에게 따뜻한 관심을 주는 사람을 좋아하지 않을 수 없는 것이 사람의 마음입니다. 그래서 대접을 받은 사람은 존경과 애정을 얹어 자신이 받은 사랑을 되돌려줍니다.
행복은 받는 것에도 있지만 남에게 줄 땐 행복감이 더 큽니다. 더 큰 행복을 누리고, 더 큰 삶의 기쁨을 느끼며 살고 싶다면 인정을 베푸는 삶을 살아야 합니다.
남에게 대접하는 대로 받는 게 행복의 법칙입니다.

불평불만이 많은 사람들은 남에게 인색합니다.
자신은 남에게 인색하면서 남이 자신에게 무심하게 대하면
불평을 터트립니다.

삶의 흔들림에 두려워하면, 두려움의 노예가 되어
충분히 할 수 있는 것도 놓치고 맙니다.
흔들림을 두려워 마십시오. 흔들리며 사는 게 인생입니다.

127

낙관론자 되기

"낙관론자는 꿈이 이뤄질 거라고 믿고, 비관론자는 나쁜 꿈이 이뤄질 거라고 믿는다."

이는 마이클 J. 겔브가 한 말입니다.

사람은 누구나 때때로 흔들리며 삽니다. 고난에 흔들리고, 실패에 흔들리고, 시련에 흔들리고, 가난에 흔들리고, 사랑에 흔들리고 여러 가지 이유로 해서 거듭 흔들리면서 사는 게 인생입니다.

그런데 낙관론자는 흔들리는 것을 두려워하지 않습니다. 낙관적인 생각이 불안감을 마음으로부터 몰아내기 때문입니다.

그러나 비관론자는 흔들림의 두려움에 빠져 충분히 극복할 수 있는 일도 못하게 됩니다. 다만 흔들림의 공포를 극복하지 못하고 실패한 인생으로 끝나게 됩니다.

꽃은 흔들리면서도 결코 쓰러지지 않습니다, 폭풍을 견뎌 내서라도 기어코 꽃을 피웁니다. 꽃만큼도 못한 인생이 되느냐 안 되느냐는 자신에게 달린 문제입니다.

흔들림을 이겨내십시오. 흔들리면서 사는 게 인생입니다.

128

친절은 무형의 자산

삶을 성공적으로 산 이들 가운데는 친절하고 성실한 사람들이 많습니다.
최고 CEO이면서도 직원들의 이름을 기억했다가 친숙하게 불러주었던 헨리 포드, 맨주먹으로 전설적인 백화점 왕이 된 존 워너메이커 등은 친절의 대명사로 불립니다.
자신들을 따뜻하게 대해주는 헨리 포드를 위해 직원들은 최선을 다해 일했습니다. 그 결과 포드는 인류사에 길이 남는 기업가가 되었습니다.
또한 고객을 자기 몸처럼 대하고, 직원들의 잘못을 솔선수범함으로써 깨우치게 했던 워너메이커의 행동은 그를 최고의 백화점 왕이 되게 했던 것입니다.

이렇듯 친절은 무형의 자산입니다. 친절은 돈으로도 살 수 없고 그 어떤 것으로도 살 수 없습니다. 친절은 오직 친절한 말씨와 행동에서 오는 것입니다.

"친절한 마음가짐의 원리, 타인에 대한 존경은 처세법의 제일 조건이다."

이는 아미엘이 한 말입니다. 아미엘의 말처럼 친절은 바람직한 처세의 조건이며 감동의 조건입니다.

친절한 말씨, 친절한 행동은 누구에게나 감동을 줍니다. 그래서 친절한 사람이 많은 세상이 밝고 행복합니다.

'나는 과연 어떤 사람인가?'

가끔씩 스스로에게 물어보십시오.

그리고 스스로 점검하고, 스스로에게 친절에 대한 점수를 매겨 보세요. 그래서 자신의 부족함이 발견된다면 지체 없이 반성하고 친절한 사람이 되도록 해야 합니다.

친절은 자신뿐만 아니라
모두를 행복하게 하는
'기쁨의 꽃'입니다.

129

처음 마음으로 살기

눈이 온 세상을 하얗게 뒤덮었을 때는 그야말로 동심의 세계가 펼쳐집니다. 동화의 나라, 꿈의 나라가 따로 없습니다. 그러나 시간이 지나고 눈이 녹으면서 군데군데 땅이 드러나면 더 이상의 동심의 세계는 없습니다. 동심도 사라지고 들뜸도 사라지고 맙니다.

삶도 이와 같습니다. 처음 직장생활을 시작할 땐 설레고 한껏 들뜨게 됩니다. 열정과 정성을 다 바칠 각오로 일합니다. 하지만 시간이 흐르면서 그 마음도 서서히 꼬리를 감추는 연기처럼 사라지고 맙니다.

그리고 타성에 젖어 긴장감도 떨어지고, 대충대충 하려고 합니다. 그저 적당히 하고 월급만 받으려고 합니다. 이것은 자신의 잠재된 능력을 죽이는 일입니다. 아무리 좋은 재능도 묵히면 빛을 발할 수 없습니다.

좀 더 의미 있는 자신의 삶을 살고 싶다면 초심으로 돌아가 늘 처음 마음으로 살아야 합니다. 그렇게 될 때 자신이 바라는 것을 손에 쥐게 됩니다. 세상은 열심히 하는 자에게 더 많은 기회를 주고 좋은 것으로 갚아줍니다.

일을 처음 시작할 땐 순수와 열정으로 가득 넘치지만,
시간이 흐르면 흐지부지해지고 맙니다.
타성에 젖어들기 때문인데 이를 경계해야 합니다.
그러지 않으면 스스로에게 부끄러운 결과를 낳게 됩니다.

130

감동을 주는 삶

감동이 있는 삶은 아름답고 행복합니다. 감동은 메마른 사람들의 가슴에 기쁨을 주고 행복의 강물을 흐르게 합니다. 감동은 인간관계에 있어 없어서는 안 되는 삶의 윤활유입니다. 왜냐하면 감동함으로써 이해관계의 폭을 넓히는 데 큰 도움을 주기 때문입니다.

그런데 현대인들은 감동에 점점 무감각해져 갑니다. 사는 일이 바쁘고, 지나친 개인주의로 인해 자신과 관계없는 일엔 관심을 잘 갖지 않으려고 합니다. 한 마디로 무관심하다는 겁니다. 이런 무관심이 감동을 막아버리는 것입니다.

감동하는 삶을 살기 위해서는 타인과 사회에 대한 무관심을 버려야 합니다. 타인과 사회에 대해 관심을 갖게 될 때 감동이 느껴지는 것입니다.

요즘 기업 홍보에도 고객에게 감동을 주는 마케팅전략이 대세입니다. 고객에게 감동을 주지 못하는 기업은 답보상태를 면치 못하거나 퇴보하고 맙니다. 요즘 고객들은 똑똑합니다. 얼렁뚱땅 대충 물건을 팔아먹을 생각을 하면 큰 오산입니다. 그렇기 때문에 고객에게 감동은 필수입니다.

이처럼 감동이 있는 삶은 우리 일상 곳곳에서 큰 효과를 준다는 사실을 간과해서는 안 됩니다. 휴머니즘이 살아 있는 삶을 살아야 합니다.

감성적인 마인드를 가진 사람은
감동을 잘하고, 감동을 주는 일에 자연스럽습니다.
현대사회에서 감동은 성공의 필수 요소입니다.

131

책임은 의무다

책임을 회피하는 사람보다 비굴한 사람은 없습니다. 반면에 자신의 책임을 끝까지 완수하는 사람처럼 멋진 사람은 없습니다.

책임이란 무엇인가?

자신이 맡은 일을 끝까지 자신이 해결하려는 의지와 행위를 말합니다. 그런데 자신에게 주어진 일을 해결하려는 의지만으로 책임을 다했다고는 할 수 없습니다. 의지에 대한 실천적 행위가 수반되어야 하는 것입니다.

책임이란 곧 의무입니다. 그런데 이런 의무를 저버린다면 그런 사람을 어떻게 신뢰할 수 있겠습니까. 신뢰받는 사람이 되기 위해서는 반드시 책임지는 사람이 되어야 합니다.

자신에 대해, 자신에게 맡겨진 일에 대해,
책임을 지는 사람이 되십시오. 책임은 곧 의무입니다.

132

그리움보다 더 큰 아픔은

그리움을 아파하지 마라
그리움보다 더 큰 아픔은

자신의 사랑을
포기하는 일이다

사랑하지 못하는 사람은 자신에게 미안해야 합니다.
그것은 자신의 사랑을 스스로 포기하는 일이기 때문입니다.

133

불같은 사랑

전율하도록 사랑을 원한다면 불덩이 같은 사랑을 하십시오.
당신의 불덩이 같은 사랑을 받는 당신이 사랑하는 사람은
이 세상 전부를 가진 듯, 벅찬 행복에 사로잡힐 것입니다.

사랑을 할 땐 정열적으로 하십시오.
정열적이지 못한 사랑은 사랑의 깊은 맛을 알 수 없습니다.

134

인간의 오만

인간의 오만은 자신들을 이 세상 전부라고 생각하는 데 있습니다. 세상이란 서로 다른 것들이 모여 함께 만들어가는 세계입니다. 세상을 이루는 구성 요소는 인간과 한 포기 풀, 한 그루 나무, 한 마리 새를 비롯해 수많은 것들로 이루어져 있습니다. 지극히 작은 것 하나라도 필요치 않는 것은 없습니다.

그런데 인간이란 이유로 인간 아닌 그 어떤 것에 함부로 한다면 그것은 결국 자신 스스로에게 돌을 던지는 것과 같습니다. 이 세상이 조화를 이루며 질서 있게 유지되는 것은 서로 다른 것들이 유기적인 관계로 이루어진 까닭입니다. 그래서 작은 것 하나라도 결여되거나 틈을 보이게 되면 조화와 질서는 깨지고 맙니다.

파멸! 그렇습니다. 파멸은 지독히도 불행한 일입니다.

한 올 줄 같은 인간은 지극히 작고 낮은 존재일 뿐입니다.

인간의 오만은 자신이 잘못한 것을 알지 못하는 데 있습니다.
또한 모든 것을 자신의 입장에서만 바라보려는 데 있습니다.

135

물질의 함정

사람들이 흔히 하는 착각은 죽을 때 돈을 갖고 갈 것처럼 행동한다는 것입니다. 돈이라면 불법과 탈세도 가리지 않습니다. 있는 사람들이 더 돈에 목을 맵니다. 지금 우리 사회는 소득의 불균형에 따른 위화감이 점차 확대대고 있습니다. 비단 이는 우리나라뿐만 아니라 전 세계가 아우성입니다.

1%가 99%의 이익을 소유하는, 이 어처구니없는 현실 앞에 미국 월가로부터 시작한 분노는 도미노 현상을 일으키며 전 세계가 울분을 토하고 있습니다. 오직 돈만 보고 달려가려고 합니다. 이것이 인생을 파국으로 치닫게 하는 줄도 모르면서 말입니다.

진정으로 행복한 사람은 자신이 하는 일에 만족하는 사람입니다. 돈에서 행복을 찾지 마세요. 돈이 사라지는 순간 허망함의 우물에 빠져 헤어나지 못할 것입니다. 자신이 하는 일에서 행복을 찾아야 합니다. 그래야 오래가는 행복을 누릴 수 있습니다.

물질은 지극히 이성적인 사람까지도 바보로 만들고, 탐욕자로 만듭니다.
이것이 바로 물질이 인간에게 미치는 절대적인 오류입니다.

마치 자신이 절대적인 것처럼
남의 허물을 보고 탓하지 마십시오.
자신도 누군가에겐 허물투성이로
보일 수 있습니다.

136

절대적인 삶은 없다

절대적인 삶은 없다.
다 허물을 갖고 있다.
다만 허물을 덮어주고 못 본척하는 것이다.
누군 입이 없어 말을 못하고
실력이 그만 못해서 말을 안 하는 것은 아니다.
그것이 상대에 대한 예의며 배려이기 때문이다.
상대의 허물을 덮어주는 아량을 베풀라.
그것이 지금보다 나은
나를 만드는 사랑이며 지혜이다.

137

운명이란 함정에 빠지지 마라

운명을 지배하느냐 운명에 지배를 당하느냐는 오직 자신에게 달린 문제입니다. 역사적으로 볼 때 어떤 이들은 운명을 지배했고, 어떤 이들은 운명의 지배를 받았음을 알 수 있습니다. 운명을 지배했던 사람들에겐 불우한 운명도 피해갔습니다. 하지만 운명의 지배를 당한 사람들은 불우한 운명의 바다에 빠져 허우적거리며 불행의 노예가 되었습니다.

그렇다면 문제는 분명해집니다.

당신이 원하는 삶을 살기 위해서는 운명을 지배하는 쪽을 택해야 합니다. 그러기 위해서는 스스로 강해져야 합니다. 그 어떤 불우한 운명과도 맞서 이길 수 있을 만큼 강해져야 합니다. 강하지 못해 운명에 지배를 받으면 불우한 운명의 노예가 될 뿐입니다.

지금 우리 사회는 자신을 불행하다고 여기는 사람들로 가득합니다. 이는 대단히 잘못된 일입니다. 일이 잘 안 풀린다고, 취업이 잘 안 된다고 해서 자신을 불우한 운명이라고 생각하지 마십시오. 자신의 삶을 기쁨으로 이끌고 싶다면 운명에 맞서 싸워 이기세요. 그리고 당당하게 자신의 길을 가십시오.

운명을 광신도 말고
그렇다고 업신여기지도 마십시오.
운명을 이기려고 하면
나쁜 운명도 피해갑니다.
하지만 운명에 무릎을 꿇으면
더 이상의 발전은 없습니다.

138

사람과 소금

소금이 짠맛을 잃으면, 그것은 소금이라고 할 수 없습니다. 사람도 이와 똑같습니다.
스승이 스승답지 못하면 더 이상 스승이라고 할 수 없고, 군인이 군인답지 못하면 군인이라고 할 수 없습니다. 또 아버지가 아버지답지 못하면 좋은 아버지가 될 수 없고, 어머니가 어머니의 역할을 못하면 좋은 어머니가 될 수 없습니다. 학생이 학생답지 못하면 학생이라고 할 수 없고, 장사꾼이 소비자를 속이면 그는 더 이상 장사꾼이 아니라 사기꾼입니다.

사람답게 산다면 자부심을 가져도 좋습니다.
사람답게 사는 것처럼 떳떳한 일도 드문 법입니다.

139

진정한 내 모습을 만나라

마음이 잘 통하는 사람은 서로에게 반드시 필요한 사람입니다. 마음이 통하면 공감대가 잘 형성되어 정서적으로 잘 통하게 됩니다. 정서적으로 잘 통하게 되면 상대방과 나와의 사이가 각별한 사이로 변합니다. 그리고 서로에게서 진정한 자신의 모습을 발견하게 됨으로써 큰 행복을 느끼며 살아가게 되는 것입니다. 그러나 마음이 통하지 않으면 서로를 소 닭 보듯합니다. 단절된 마음에서는 공감대가 형성되지 않기 때문입니다.

"자신이 가진 정서나 도덕의식을 이해함으로써, 진정한 내 모습을 만날 수 있는 것이다."

하버드대학교 심리학자 윌리엄 제임스의 말처럼 진정한 내 모습을 만나기 위해서는 정서나 도덕의식을 이해하는 것이 좋습니다. 그렇게 될 때 나와 상대방의 공감의 폭은 더욱 커지게 됩니다.

진정한 내 모습을 만나는 당신이 되십시오.

어떤 사람은
자신의 삶에게
미안하지 않게 살지만,
어떤 사람은 하는 짓마다
미안하게 굽니다.
이는 진정한 자신을
만나지 못해서입니다.
자신의 참 모습을 만날 때
부끄럽지 않은 삶을
살게 됩니다.

140

인간의 맹점

인간은 똑똑하면서도 어리석은 존재입니다. 하나님은 자신의 형상대로 인간을 만드셨다고 했습니다. 그리고 이 세상을 다스리게 했습니다. 이처럼 인간은 엄청난 축복을 받은 똑똑하고 영특한 존재입니다.

그런데 인간은 제값을 다하지 못하고 어리석음을 그대로 드러내곤 합니다. 왜냐하면 인간은 지나간 뒤에야 자신의 잘못을 깨닫기 때문입니다. 이것이 인간이 지닌 가장 어리석은 맹점입니다. 이러한 맹점에서 벗어나려면 지금을 잘 살아야 하고 후회가 없어야 합니다. 물론 인간이 후회 없이 산다는 것은 불가능한 일입니다. 하지만 후회의 폭을 줄이면 그만큼 자신에게 덜 부끄럽고 덜 찜찜합니다. 나 역시 이러한 인간의 어리석음에서 자유롭지 못한 편입니다.

지금을 잘 살고 후회를 줄이는 것이야말로 진정으로 똑똑한 삶을 사는 것입니다. 똑똑하게 살고 똑똑하게 행복하십시오.

인간은 지나간 뒤에야 자신의 어리석음을 깨닫습니다.
이것이 인간이 갖는 최대의 맹점입니다.

141

두 번의 인생은 없다

책은 얼마든지 반복해서 읽을 수 있습니다. 책이 재미를 줄 때입니다. 그러나 인생은 반복해서 살 수 없습니다. 이것이 책과 인생의 차이점입니다.

그런데 어떤 사람들은 인생을 다시 살 것처럼 생각하고 삶을 함부로 여깁니다. 그것이 돌이킬 수 없는 참혹한 일이라는 걸 알지 못하기 때문입니다.

그러나 슬기로운 사람은 인생이 단 한 번뿐이라는 걸 잘 압니다. 그래서 슬기로운 사람은 최선의 인생이 되고자 자신에게 공을 들입니다. 그리고 그 결과는 대개 만족스럽습니다.

"성공에는 어떤 속임수도 없다. 나는 단지 나에게 주어진 일에 최선을 다했다. 그리고 보통 사람보다 아주 조금 더 양심적으로 노력했을 뿐이다."

앤드루 카네기의 말입니다. 카네기의 성공 비결은 자신에게 최선을 다한 것입니다.

인생은 단 한 번뿐입니다. 그 누구에게도 두 번의 인생은 없습니다. 카네기처럼 최선의 삶을 살아야 합니다. 이를 알고도 자신의 인생을 소홀히 한다는 건 스스로에 대한 배반 행위입니다. 최선을 다하고 스스로를 격려하십시오.

자신에게 최선을 다할 때 삶도 은총으로 다가옵니다.
최선을 다해 자신을 사랑하고, 자신의 일에 열정을 다하십시오.

142

사랑의 본질

인간을 고독을 극복하기 위해
사랑을 하고,

그 사랑을 통해서만
삶을 완성시킬 수 있다

사랑의 본질은
삶을 완성시키는 데 있다

사랑의 최선의 가치는 서로를 자신처럼 사랑하는 것입니다.
자신을 사랑하듯 사랑하는 이를 사랑하십시오.

143

장엄한 하늘은 한 편의 잠언이었다

치열한 경쟁 속에서 살아가다 보면 많은 스트레스에 시달리게 됩니다. 스트레스에 시달리다 보면 짜증이 나고 매사에 의욕을 잃게 됩니다. 그리고 심해지면 심리치료를 받아야 합니다. 그렇지 않으면 치명적인 병으로 도질 수가 있습니다.

이럴 땐 몸과 마음을 편히 쉬게 해야 합니다. 그래서 몸에 쌓인 노폐물을 씻어내고 마음의 긴장감을 풀어 주어야 합니다. 그래야 방안의 탁한 공기를 갈아주듯 새로운 에너지를 마음에 채울 수 있습니다.

글을 쓰다 보면 많은 생각을 하게 되고, 지속적인 생각으로 몸과 마음에 피로가 쌓이게 됩니다. 이럴 땐 하던 일을 잠시 멈추고 묵은 마음을 갈아주고, 머리를 맑게 정화시켜야 합니다.

어느 햇살 좋은 날 강둑을 산책하다 문득 하늘을 보니 구름 한 점 없이 맑더군요. 텅 빈 하늘을 보자 마음이 시원해짐을 느꼈습니다. 그러자 몸과 마음이 가벼워졌습니다. 텅 비어서 오히려 장엄한 하늘은 한 편의 잠언이었습니다. 나는 텅 빈 하늘을 보며 한참을 위로받을 수 있었습니다.

삶에 지쳐 피곤에 허덕일 땐 몸과 마음을 쉬게 해야 합니다.
편히 쉬는 것만으로도 방전된 삶의 에너지를 충분히 보충할 수 있습니다.

144

인생의 바다에서 유능한 선장이 되는 법

인생에서 어려운 일을 만나게 될 때 사람들은 크게 두 가지 반응을 보입니다.

"대체 왜 나한테 이런 일이 생긴 거야. 내가 뭘 잘못했다고."

"그래, 어차피 겪어야 할 일이라면 받아들여야지."

사람들은 대개 첫 번째 반응을 보입니다. 자신에게 닥친 어려움이 억울하다는 것입니다. 물론 그럴 수 있습니다. 하지만 인생은 잘못이 없이도 어려움을 겪습니다. 그것은 자신에게 주어진 하나의 삶의 과정입니다. 그렇게 생각한다면 크게 낙담할 필요는 없습니다. 어려움을 극복하기 위해 노력하면 극복할 수 있는 것이니까요. 두 번째 반응을 보이는 경우는 많지 않습니다. 이는 어느 정도 삶을 통찰한 사람이거나 낙관적인 마인드를 가진 사람이 보이는 반응입니다.

여기서 분명한 것은 어려움이 밀려와 힘들어도 절대 좌절해서는 안 된다는 것입니다. 선장이 유능할 수 있는 건 어려움을 통해 이겨내는 방법을 터득했기 때문입니다. 이런 소중한 경험은 그 어떤 시련에도 굴하지 않고 뚫고 나가는 힘이 됩니다. 그러므로 어떤 어려움도 두려워하지 말고 맞서 나가십시오. 그것이 행복한 인생을 사는 지혜입니다.

인생의 바다를 항해하다 암초를 만나면
두려워하지 말고 뚫고 나가세요.
그것이 인생의 바다에서
유능한 선장이 되는 지혜입니다.

145

위대한 사랑

사랑처럼 위대한 것은 없습니다.

부모의 사랑, 부부간의 사랑, 남녀 간에 사랑, 친구 간의 사랑 등. 사랑은 모든 것을 가능하게 하고 모든 것을 위대하게 만드는 묘약입니다. 그래서일까요, 많은 사람들이 사랑에 대해 정의했습니다.

그중 몇 가지입니다.

러시아 소설가 막심 고리키는 말했습니다.

"사랑은 산을 변하여 골짜기가 되게 한다."

영국의 시인 로버트 브라우닝은 이렇게 말했지요.

"사랑은 최선의 것이다."

그리고 또 한 사람, 《전쟁과 평화》의 저자이자 러시아 최고의 작가인 톨스토이는 이렇게 말했습니다.

"사랑은 아낌없이 주는 것이다."

고리키와 브라우닝, 톨스토이의 말에서 보듯 사랑은 가장 존귀하고 아름답고 위대합니다.

위대한 사랑은
서로 사랑하므로 해서
더욱 위대해집니다.

자신에 대해 묻고 대답하는 것은
자신의 내면세계를 알차게 하는 좋은 방법입니다.
왜냐하면 자각하는 능력을 기르는 데 도움을 주기 때문입니다.

늘 자신에게 묻고 대답하기

"스스로에게 물어보라. 난 지금 무엇인가를 변화시킬 준비가 되었는지를."
《마음을 열어 주는 101가지 이야기》 시리즈를 펴낸 잭 캔 필드. 그는 독자들에게 자아를 돕는 마인드를 심어주기 위해 끊임없이 자기계발에 대한 강연과 연구와 집필을 합니다.
'스스로에게 물어보라'는 그의 말은 자기 점검 내지는 검열을 뜻하는 말로써, 자신이 의식 있는 존재인지 아닌지에 대해 확인해 보라는 말과 같다고 하겠습니다. 즉 무엇을 할 수 있는지에 대해 또는 자신이 변화하기 위해서는 어떻게 해야 하는지에 대해 생각해 보라는 것입니다.
스스로 자신에게 묻고 대답하는 것은 올바른 의식을 기르는 매우 바람직한 자세입니다. 소크라테스의 "너 자신을 알라."는 말과 상통하는 의미를 갖는 말이기도 합니다.
늘 자신에게 묻고 대답하십시오. 자신을 새롭게 변화시킴으로써 풍요로운 인생이 될 것입니다.

147

학문의 목적

"학문의 목적은 음식이 활력을 주고 기력을 돋우는 피가 되듯 배운 지식을 자신의 사상으로 만드는 데 있다."

학문의 목적은 여러 가지로 규정지을 수 있지만, 제임스 브라이스는 학문의 목적을 배운 지식으로 자신의 사상을 만드는 데 있다고 역설하였습니다. 자신의 사상을 갖는다는 것, 그것은 지성을 쌓아야 맺게 되는 결실입니다.

지성의 유무에 따라 삶에 대처하는 방법은 큰 차이가 납니다. 지성인은 같은 일을 겪어도 슬기롭게 판단하고 대비합니다. 배움을 통해 나름대로의 해결 방안을 터득했기 때문입니다. 하지만 지성을 갖추지 못한 사람은 우왕좌왕하며 갈피를 잡지 못합니다. 일을 해결하는 능력이 부족한 까닭입니다.

"젊을 때 쌓은 지성은 노년기의 악을 미리 예방하는 것과 같다."

르네상스 시대 최고의 화가이자 과학자이기도 한 레오나르도 다빈치가 이와 같은 말을 남길 수 있었던 것은 그가 당대 최고의 지성을 갖추었기에 가능했습니다.

배우고 익히는 일에 열중하여
지성을 갖추십시오.
지성은 자신을 돋보이게 하는
인생의 보석입니다.

148

불편한 진실에 길이 보이지 않을 땐

요즘 우리 사회는 사람들을 매우 불편하게 합니다. 국민들의 눈살을 찌푸리게 하는 싸구려 정치판의 추태, 경제 수준의 불균형, 천만에 근접하는 비정규직 문제, 가진 자들의 세금 떼어먹기, 대기업의 자기 계열사 일감 몰아주기, 걷잡을 수 없는 학교폭력 등 눈에 보이는 것들이나 들려오는 이야기는 죄다 신경을 극도로 자극시킵니다.

이러한 불편한 진실로 삶은 점점 더 고달프고 하루하루가 짜증의 연속입니다. 사는 일이 즐겁고 신나야 하는데 우울의 그늘을 뒤집어쓰고 삽니다.

불편한 진실에 길이 보이지 않습니다. 이럴 때일수록 책을 읽어야 합니다. 책 속엔 불편한 진실을 헤쳐나갈 방도가 있기 때문입니다. 책을 통해 위로받고 지혜를 구해야 합니다.

지혜로운 자는 책에서 지혜를 구하고, 어리석은 자는 술에서 위로를 받습니다. 물론 술도 하나의 방도일 수 있지만 어디까지나 일순간에 불과합니다. 책에서 지혜를 구하는 당신이 되어 보십시오.

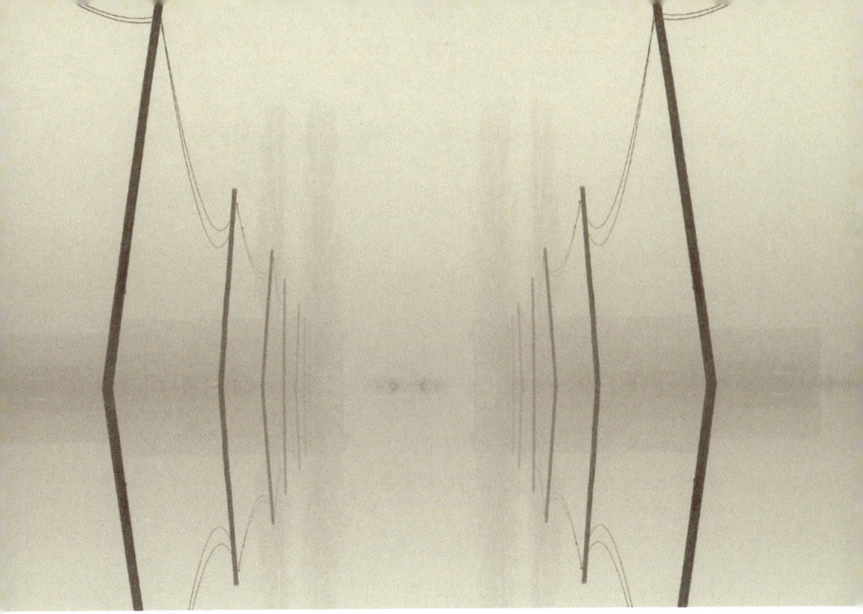

불편한 진실이 판치는 세상에서

흔들리지 않고 살아가기 위해서는
책을 읽으세요.

책 속엔 불편한 진실을 극복하는
수만 가지의 길이 들어있습니다.

149

선을 행한 사람

"범사에 헤아려 좋은 것을 취하고 악은 어떤 모양이라도 버려라." 이는 신약성경 데살로니가 전서 말씀입니다. 이 말씀을 보면 매사에 좋은 것은 취하고, 악은 그 어떠한 것일지라도 행하지 말라고 강조합니다. 선행은 많이 행할수록 좋습니다. 선행은 아름다움이며 덕입니다. 하지만 악은 행할수록 죄의 무게만 늘어갑니다. 악행은 추악한 일이며 죄입니다.

"마침 한 제사장이 그 길로 내려가다가 그를 보고 피하여 지나가고 또 이와 같이 레위인도 그곳에 이르러 그를 보고 피하여 지나가되 어떤 사마리아 사람은 여행하는 중 거기 이르러 그를 보고 불쌍히 여겨 가까이 가서 기름과 포도주를 그 상처에 붓고 싸매고 자기 짐승에게 태워 주막으로 데리고 가서 돌보아 주니라."

이는 누가복음에 나오는 말씀입니다. 사마리아인은 진실로 선을 행한 사람으로 유명합니다. 선은 이처럼 아름답고 감동을 주는 행위입니다.

선행은 선행을 부르고 악행은 악행을 부릅니다. 또한 선행은 참이며 악행은 거짓입니다. 그러니 언제나 참인 선을 행하도록 힘써야 합니다.

선은 만 가지 불행을 막는
최선의 방법입니다.

선을 행하는 것에
인색하지 마십시오.

150

좋은 시간 나쁜 시간

인생에 있어 좋은 시간은 금과 같고 나쁜 시간은 녹슨 칼과 같습니다. 금은 누구나 원하는 것이며, 삶을 풍요롭게 합니다. 금은 많으면 많을수록 좋습니다. 하지만 녹슨 칼은 무뎌 나무를 자를 수도 없어 무용지물과도 같습니다.

독서를 하고, 자아를 계발하고, 새로운 경험을 쌓는 등의 좋은 시간은 인생을 풍요롭게 하는 귀한 보석과 같지만, 시간을 낭비하고, 쓸데없는 것에 빠져 시간을 보내는 등의 나쁜 시간은 인생을 퇴락하게 만듭니다. 같은 시간도 잘 쓰면 좋은 시간이 되지만 잘못 쓰면 나쁜 시간이 됩니다.

잘되는 사람들의 가장 큰 비결은 시간을 잘 쓰는 것입니다. 그들은 자투리 시간도 허투루 하는 법이 없습니다. 좋은 시간은 자신이 만드는 것입니다. 누가 만들어 주는 것이 아닙니다.

자신이 원하는 것을 얻고 싶다면 시간을 잘 쓰는 사람이 되십시오. 시간을 잘 쓰는 것이야말로 당신의 인생을 가치 있게 이끌어 줄 것입니다.

가장 못나고 어리석은 도둑은
시간을 함부로 낭비하는 시간 도둑입니다.

더러워진 마음은 날마다 씻어내야 합니다.
그러지 않으면 옳고 그름을 분별하지 못해
욕망이 이끄는 대로 하게 됩니다.

151

날마다 마음을 깨끗하게 하기

한 번 더럽혀진 벽지는 새로 도배를 하지 않으면 계속해서 지저분한 것처럼 마음이 더러워지면 마음에서는 평화가 사라지고 더러운 욕망이 이끄는 대로 할 수밖에 없습니다.

날마다 마음을 깨끗하게 씻어야 합니다. 이를 세심洗心이라고 하는데, 마음을 깨끗하게 씻기 위해서는 시간을 내어 고요히 묵상하십시오. 골방에서도 좋고, 남에게 방해받지 않는 곳이라면 어디든 상관없습니다. 마음을 맑게 해주는 책을 읽어보십시오. 잘못된 마음을 바로잡아 줄 것입니다.

부족함 없이 사랑하라

아무리 강조를 해도 부족하다고 느끼는 것이 사랑입니다. 그도 그럴 것이 사랑은 하면 할수록 목이 마릅니다. 왜 사랑은 하면 할수록 목이 마르는 걸까요.

그것은 사랑엔 만족이 없기 때문입니다. 이만하면 만족하겠지 해도 지나고 나면 더 큰 사랑을 바라게 됩니다. 그리고 더 큰 사랑을 하게 되면 또 그보다 더 큰 사랑을 바라는 것입니다. 이런 이유로 사랑은 하면 할수록 목이 마르게 됩니다.

당신은 목마른 사랑을 하고 있습니까.

이에 대해 그렇다고 말하는 사람은 행복한 사랑을 한다는 증거입니다. 그러나 '아니다'라고 말한다면 그 사람은 만족한 사랑을 하지 못한다는 증거입니다.

아미엘은 이렇게 말했습니다.

"사랑하는 사람에게 올바르게 행동하고, 동정과 따뜻한 관심으로 대하는 것을 미루지 마라."

그렇습니다. 늘 따뜻하게 감싸주고, 아껴주고, 사랑만을 위한 사랑으로 당신이 사랑하는 이를 사랑하십시오.

사랑만 하기에도 인생은 짧습니다. 부족함 없이 사랑하십시오.

불행한 사람은
대개 사랑을 제대로 알지 못합니다.

하지만

사랑을 아는 사람은
불행도 행복으로 바꾸어 놓습니다.

153

내 마음의 풍금

남을 미워하고 시기하여
내 마음이 아파 올 땐
내 마음의 풍금을 켠다

선생님 풍금 소리에 맞춰 노래 부르던
초롱초롱하던 그 어린 시절을 기억하며
닳고 닳아 빠진 생각의 옷을 벗어 버린다

나도 모르게 헛된 말을 쏟아 내거나
돌이킬 수 없는 잘못으로
사랑하는 이들의 가슴에 깊은 상처를 줄 땐
내 마음의 풍금을 켠다

플라타너스 그늘 아래서
소곤소곤 동그랗게 모여앉아 꿈을 키우던
그 시절을 돌이키며
낡고 낡아 버린
헛된 욕망의 빗장을 풀어 버린다

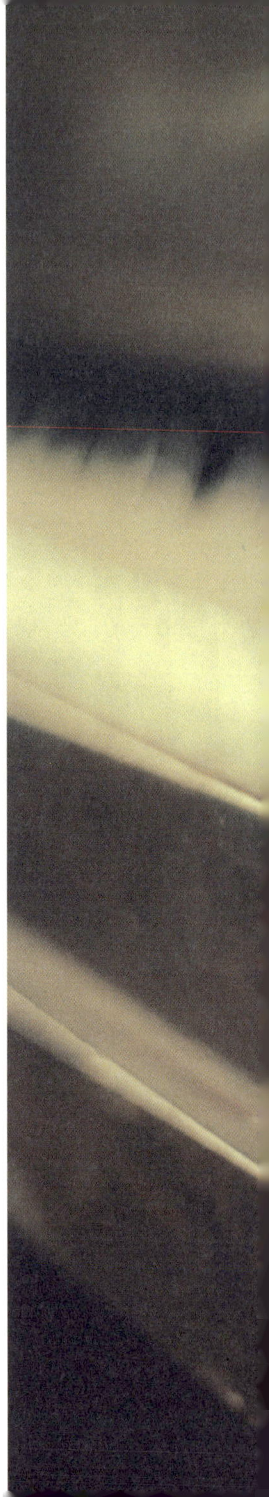

사람은 누구나 자신의 가슴속에
추억의 풍금을 지니고 있습니다.
시기하거나 미운 마음이 생길 때나,
사랑하는 이를 아프게 할 땐

마음의 풍금을 쳐보십시오.

154

마음의 평화

마음이 맑지 않으면 삶이 평화롭지 못합니다. 평화롭지 않은 마음으로는 그 아무리 좋은 걸 손에 넣었다 하더라도 진정한 행복을 느낄 수 없습니다.
노예 출신인 고대 그리스 철학자인 에픽테토스는 "마음의 평화는 헛된 욕망에 의해 생기는 것이 아니라, 욕망을 버림으로써 얻어지는 것이다."라고 했습니다. 정확한 지적이 아닐 수 없습니다. 에픽테토스의 말처럼 마음의 평화는 헛된 욕망을 버림으로써 얻어지는 것입니다. 그런데 사람들 중엔 이러한 진실을 왜곡하고 헛된 욕망으로 마음의 평화를 얻으려고 합니다.

마음의 평화는 마음으로부터 탐욕을 버릴 때 비로소 주어집니다.
마음의 평화를 원한다면 마음을 비워보십시오.

155

더 큰 즐거움을 얻는 법

많은 돈은 쌓아놓고도 자신을 불행하다고 고백하는 사람들을 종종 목격하게 됩니다. 그 사람들에게는 한 가지 공통점이 있습니다. 그것은 은행 금고에 돈을 쌓아놓고, 커다란 집에서 호의호식을 하며, 남들이 갖지 못한 것을 쥐고 살아도 상대적인 박탈감에 시달린다는 것입니다.

왜 이러한 현상이 일어나는 걸까요. 그것은 그들이 돈을 벌 줄만 알았지 쓸 줄은 모른다는 것입니다. 돈을 버는 재미만큼 돈을 쓰는 재미 또한 큽니다. 그런데 여기서 오해가 없었으면 하는 것은 돈을 잘 쓴다는 것은 자신을 위해서가 아니라 타인과 사회를 위해서 쓰는 것을 말합니다. 그런데 이들은 자신만을 위해 쓰는 데는 익숙하지만 타인과 사회를 위해서는 쓸 줄을 모릅니다. 그러다 보니 더 큰 즐거움을 알지 못하는 것입니다.

인생의 즐거움은 타인을 위하는 마음이 클 때보다 더 큽니다.
자신을 행복하게 하고 싶다면 타인에게 은총을 베풀어보십시오.

156

원망이 사람에게 미치는 영향

남을 칭찬하는 것은 좋은 일이지만, 남을 원망하는 것은 좋지 않습니다. 남을 원망하는 마음에는 미움이 가득합니다. 미움이 가득하면 자신에게도 나쁜 영향을 끼칩니다. 왜냐하면 자신을 부정적인 인간으로 만들기 때문입니다. 또한 원망하는 말은 독을 품고 있어 상대를 분노하게 만듭니다. 분노가 무서운 것은 해침을 당할 수도 있기 때문인데 이를 조심해야 합니다.

원망은 못난 사람들이나 하는 허약한 투정입니다. 자신이 없으니까 숨어서 원망이나 하는 것입니다. 원망할 시간이 있으면 그 시간에 긍정적인 생각을 하십시오. 긍정적인 생각과 말은 원망할 틈을 주지 않습니다.

자신의 인생을 잘 살아가는 사람들의 입은 원망이 없습니다. 그들은 원망이 얼마나 불필요하고 무가치한 것인지를 잘 알기 때문입니다. 당신의 입술이 절대 원망하는 일에 물들지 않게 해야 합니다. 오직 생산적이고 창조적인 말만 하십시오.

원망하는 말은 비생산적이고 부정적입니다.
그래서 원망하는 말은 자신도
남도 불행하게 하는 것입니다.

157

비생산적인 마인드

사람들이 경계해야 할 것은 오늘에 안주하는 비생산적인 마인드입니다. 비생산적인 마인드는 모든 가능성을 막아버리는 부정적 삶의 요소이며 당장 버려야 할 쓰레기 같은 생각의 부유물입니다. 이런 마음을 탁한 공기를 신선한 공기로 갈아주듯 창조적이고, 혁신적이고, 생산적인 마인드로 전환시켜야 합니다. 그렇게 될 때 자신이 원하는 것을 얻음으로써 만족한 나로 살아가게 되는 것입니다.

자신이 창조적이고 혁신적인 삶을 원한다면
비생산적인 마인드를 버려야 합니다.
그것은 단지 자신의 삶을 비효율적으로 만드는 것에 불과할 뿐입니다.

용서는 아름다운 사랑이다

잘못을 용서하는 것처럼 어려운 일은 없습니다. 하지만 그래도 용서해야 합니다. 용서는 사랑의 마음입니다.

"용서라는 달콤함을 모르는 사랑은 사랑이 아니다."

존 휘티어는 용서에 대해 이렇게 말했습니다.

사람은 누구나 잘못을 저지를 수 있습니다. 내 의지와는 다르게 어쩔 수 없이 일어나는 실수, 이럴 경우 참 난감해질 수밖에 없습니다. 이런 실수는 의도적인 것이 아니므로 너그럽게 이해하고 용서해 주어야 합니다. 그러나 계획적이고 의도적인 실수는 그에 대한 대가를 치르게 해야 합니다. 그렇지 않다면 사회질서를 흐트러트리기 때문입니다.

존 휘티어 말처럼 용서하기 위해서는 진정으로 사랑하는 마음이 되어야 합니다. 이 험한 세상을 지혜롭게 살아가기 위해서는 '용서'라는 아름다운 삶의 기술을 반드시 배워야 합니다.

용서는 아름다운 사랑입니다.

용서는 자신의 마음을 비울 때 할 수 있는
아름답고 품격 있는 행동입니다.
용서가 감동을 주는 것은
용서는 값진 사랑이기 때문입니다.

변화하지 않는 것은
삶이든 행복이든 더 이상의 발전은 없습니다.
변화하지 않는 것은 퇴보를 뜻하기 때문입니다.

159
변화하지 않는 삶

아주 오래전 내가 꼭 살아보고 싶은 집이 있었습니다. 그 집 넓은 뜰엔 작은 연못이 있었고, 가운데엔 자그마한 정자까지 있어 운치를 더해 주었습니다. 오랜 세월이 지나고 그 마을에 가는 길에 들려보았습니다. 주인은 바뀌었지만 집은 그대로 있었습니다. 그러나 아쉽게도 연못은 관리가 잘 안 되는지 희뿌옇게 죽어 있는 듯 보여 크게 실망했었습니다.

고여 있는 물은 죽은 물입니다. 죽은 물은 더 이상 물이 아닙니다. 그것은 냄새나는 폐수처럼 쓸모가 없습니다. 물은 계속해서 흘러야 합니다. 그래야 자정작용으로 생물들에게 생명수가 됩니다. 마찬가지로 발전하지 않는 사람에겐 더 이상의 행복은 기대할 수 없습니다. 항상 그 상태로만 머무를 뿐입니다.

생각해보세요. 변화하지 않는 삶이란 얼마나 지루한가를요.

옷을 바꾸어 입듯 때론 이렇게, 때론 저렇게 변화할 때 더 깊은 행복을 느낄 수 있습니다. 머무르지 않는 행복을 누리기 위해서는 계속해서 자신을 격려하며 앞으로 나아가야 합니다.

행복은 행복해지기 위해 나아가는 사람을 좋아합니다. 가만히 있는 사람을 좋다고 찾아가는 행복은 그 어디에도 없습니다. 행복도 노력에서 온다는 것을 잊지 마십시오.

160

내가
지금
원하는 것은

내가 지금 원하는 것은

첫째도,

둘째도,

셋째도

그리고 또 다시 되묻는다 해도

그것은 바로 당신

내 그리운 당신입니다

사랑하는 사람은 언제나 보고 싶고, 언제나 만지고 싶고,
언제나 함께 하고 싶은 또 다른 자신입니다.

부드러움이 진짜 강한 것이다

처마 끝에서 한 방울 두 방울 떨어지는 물이 땅을 파고 바위를 뚫습니다. 물 한 방울은 아무것도 아니지만 그것이 쌓이면 큰 힘을 발휘합니다. 하지만 강한 나무나 쇠붙이는 부러지고 깨집니다. 사람도 강한 사람에겐 적이 많습니다. 적이 많다 보니 자꾸 부딪치다 보면 급기야는 깨지고 부러지고 마는 것입니다. 풀은 또 어떠한가요. 풀 역시 부드러움의 대명사이지요. 아무리 폭풍우가 몰아친들 풀은 부러지는 법이 없습니다. 이리저리 바람에 순응함으로써 다시 일어서는 것입니다.

부드러운 사람에겐 적이 적은 법입니다.
왜냐하면 그런 사람은 자신을
해치지 않을 거라고 믿기 때문입니다.
풀처럼 부드러운 인격을 길러보세요.

살아가는 동안

.
.
.
.
.
.
.
.
.

그냥 까닭 없이 좋을 때가 있습니다.
이런 순간이야말로 삶이 준 선물입니다.
삶 앞에 감사하는 일이 많을수록 행복한 사람입니다.

162

그냥 좋았다

햇살 눈부시게 푸른 가을날 기차를 타고 풍기로 갔습니다. 날이 화창해서일까요, 사춘기 소년처럼 가슴이 설레었습니다. 첫사랑을 만나러 갈 때처럼 콧노래가 절로 났지요. 시집을 펼쳐 들었지만 내 눈은 차창 밖으로 향해 있었습니다. 나무, 풀, 산 밑에 집 등 보이는 것마다 한 편의 시였습니다.

역에서 내려 10여 분쯤 기다려 버스를 타고 소수서원으로 향했습니다. 시골길을 달려가는데 열린 차창으로 시원한 바람이 불어왔습니다. 여기저기 들판 가득히에는 붉은 사과가 타는 가을볕에 반짝이고 있었습니다. 보는 것만으로도 행복했습니다.

차에서 내리자 수많은 사람들로 북적이더군요. 어린이들부터 세대를 가리지 않고 몰려든 사람들은 사람이 아니라 마치 활짝 핀 천상이 꽃이었습니다. 그 숱한 꽃송이들에 파묻혀 나 또한 활짝 핀 한 송이 꽃이었습니다.

좋았습니다. 그냥 아무 말이 없어도 좋았습니다.

163

공평배가 주는 의미

중국에 공평배公平杯라는 것이 있습니다. 이는 작은 술잔을 말하는데, 술잔 입구에서 술잔 밑까지 구멍이 뚫려 있어 술을 가득 부으면 술이 새어나가기 때문에 술잔 삼 분의 이 정도만 술을 부어야 합니다. 이 술잔을 보고 의아하게 여기는 제자들에게 공자가 그 이유를 설명해주자 그제야 제자들이 고개를 끄덕이며 그 이유를 알았던 것입니다. 그리고 이어 공자가 말했습니다.

"사람됨도 이 술잔과 같다. 총명한 사람은 자기의 어리석은 면을 볼 줄 알아야 한다. 또 공적이 높은 사람은 겸손하고 사양할 줄도 알아야 한다. 그리고 용감한 사람은 두려워할 줄 알아야 하고, 부유한 사람은 근검절약할 줄 알아야 한다. 무엇이든 겸허하면 손해를 보지 않는 것도 이런 이치다."

그렇습니다. 겸허한 사람에겐 적이 적은 법입니다. 그런 사람에겐 시빗거리가 없기 때문입니다.

자신을 남보다 뒤에 두면 존경을 받을 것이지만,
자신을 앞에 세우려고 한다면 비판을 받을 것입니다.
겸허히 하십시오. 겸허한 마음엔 적이 없는 법입니다.

164

빈 수레 같은 사람

"빈 수레가 요란하다."는 말이 있습니다.

실력을 갖추지 못했거나 인격을 갖추지 못한 사람을 일컫는 말입니다. 지금 우리 사회는 빈 수레 같은 사람들이 도처에 널려있습니다. 자신의 일신 영달을 위해 지키지도 못할 공허한 말을 부도수표처럼 남발하는 사람들, 상황에 따라 요리조리 말을 뒤바꾸는 사람들, 자신의 안위를 위해 아무 잘못도 없는 사람들을 공격하고 헐뜯는 사람들, 보이지 않는다고 험한 말과 증명되지도 않은 말을 인터넷을 통해 마구 퍼붓고 꾸며대는 사람들.

당신은 어떤 사람인지 스스로에게 물어보세요. 만일 당신이 실력을 갖추지 못했거나 인격을 갖추지 못했다고 생각한다면, 실력을 기르고 인격을 쌓아야 합니다.

헛된말 하기 좋아하는 사람들, 실력도 없이 아는 척 떠벌리는 사람들은
빈 수레 같은 사람들입니다. 이런 사람들은 자신은 물론
타인에게 득이 되지 않습니다. 마치 허공에 떠도는 티끌과 같습니다.

165

감성으로 소통하기

현대사회는 감성 소통이 그 어느 때보다 중요합니다. 사람의 마음을 움직이는 데 있어 감성 소통만큼 좋은 것이 없기 때문입니다. 그래서 사람의 마음을 사기 위해서는 자기만의 감성 소통법을 계발해야 합니다. 왜냐하면, 상대방의 성격에 따라 감성 소통도 달리해야 더 효과적이기 때문입니다.

가령 꽃을 싫어하는 사람에게 꽃을 선물하는 것은 역효과를 낳습니다. 이런 사람은 차라리 먹는 선물이나 여타의 선물이 더 효과적입니다.

감성 소통에는 편지 쓰기, 선물하기, 따뜻한 말과 행동, 배려하기, 이벤트, 티타임 활용법 등 생각하기에 따라 얼마든지 가능합니다. 감성 소통이 사람들의 마음을 움직이게 하는 것은 마음과 마음이 하나로 통하는 데 아주 주효하기 때문입니다.

기업에서도 소비자들에게 감성 마케팅을 통해 제품을 홍보하고 있습니다. 또한 직원들과 감성 소통을 통해 결속을 다지고 애사심을 고양시켜 업무를 독려합니다. 이것을 보더라도 감성 소통은 매우 중요하다는 것을 알 수 있습니다.

감성 소통은 부부, 부모와 자식, 형제자매 간에도 필요하고, 친구와 친구 사이, 직장동료 사이, 이웃과 이웃 사이, 스승과 제자 사이에도 매우 필요한 의사소통 수단이 되고 있습니다.

그런 만큼 감성 소통을 잘 활용하는 것도 지혜이며 처세술이라고 할 수 있습니다.

166

허튼 말 하지 않기

사람들 중엔 허튼 말을 밥 먹듯이 하는 사람이 있습니다. 말도 안 되는 소리를 마구 한다든가, 모자라는 사람처럼 말한다든가 하는 것을 말합니다. 사람들은 왜 이러한 사람에게 신뢰를 주지 못하는 것일까요. 허튼 말은 곧 실없는 말이고 실없는 말은 뿌리 없는 말과 같아 전혀 믿음이 가지 않기 때문입니다. 또한 빈말이라는 게 있습니다. 즉 비어 있는 말이란 뜻으로 공연히 체면치레로 하는 말을 뜻합니다. 가령 "우리 언제 밥 한번 먹자."라든가 외모 콤플렉스가 있는 사람에게 "엄청난 미인이시네요."하고 가벼이 말한다면 당사자는 '이 사람까지 날 무시하는구나' 하고 생각할 수 있습니다.

허튼 말은 사람과 사람 사이를 불신하게 만드는 허황된 말일 뿐이니 가려 쓰십시오.

쓸모없는 말은 바람에 날리는 한 줌의 먼지와도 같습니다.
이를 경계하십시오.

열정이
행동을 만든다

열정은 그 어떤 것으로도 막을 수 없는 에너지입니다. 그것이 학문적인 것이든, 말하기든, 사람과의 소통이든 간에 열정을 빼놓을 수는 없습니다. 왜냐하면 열정이 없으면 자신이 원하는 것을 취할 수 없기 때문입니다.

"열정이 행동을 만든다."

이는 미국의 시인이자 사상가인 랠프 왈도 에머슨의 말입니다.

또한 앤드류 카네기는 말했습니다.

"생생하게 말하고, 열렬히 갈망하고, 충심으로 믿고, 열정적으로 행동의 토대로 삼는 것은 그 무엇이든 실현된다."

에머슨과 카네기의 말은 인간에게 있어 열정이 얼마나 대단한 '마인드 요소'인지를 잘 알려 줍니다.

아무리 뛰어난 능력을 가졌다 해도 열정이 없으면,
작은 비바람에도 쉬이 쓰러지는 뿌리 약한 나무와 같습니다.

168

진정성의 절대적 필요성

앤드루 카네기에게 인정받고 철강 회사의 사장이 된 찰스 스왑. 몹시 추운 겨울날 그가 펜실베이니아에 있는 철강회사를 방문했습니다. 찰스 스왑이 차에서 내리자 다이어리를 든 젊은이가 그를 향해 달려왔습니다. 그는 총무과 직원으로 속기사였습니다. 그는 쓸 편지나 전보가 있을까 하여 달려왔다고 말했습니다.

"나에게 가 보라고 시킨 사람이 있었는가?"

찰스 스왑이 물었습니다.

"아니, 없습니다. 사장님께서 도착했다는 전보를 받고, 혹시 제가 도와드릴 일이 있을까 해서 온 것입니다."

젊은이가 말했습니다.

그날 밤, 뉴욕행 야간 기차엔 찰스 스왑과 젊은이가 타고 있었습니다. 찰스 스왑의 요청으로 비서가 되어 뉴욕에서 일하도록 임명된 것입니다. 그 젊은이의 이름은 윌리엄스입니다. 그는 찰스 스왑 밑에서 일하며 많은 것을 배웠습니다. 그리고 거늡해서 승진을 했습니다. 그리고 그에게 큰 기회가 찾아왔습니다. U.S 철강회사 계열인 제약회사의 사장이 된 것입니다.
윌리엄스가 성공할 수 있었던 비결은 무엇일까요.

그것은 바로 **진정성 있는 자세**에 있었습니다.
그는 진심으로 찰스 스왑을 돕기 위해 달려왔던 것입니다.
소통의 귀재인 찰스 스왑이 그걸 놓칠 리가 없었습니다.

진실한 마음, 진실한 행동, 진실한 말 등은
진정성을 갖추기 위해 반드시 필요한 요소입니다.
우리가 말하는 인격자는 바로 진정성을 갖춘 자를 말합니다.

169

능동적인 라이프스타일

벤저민 프랭클린을 보십시오.

그는 가난으로 초등학교도 마치지 못했습니다. 하지만 그는 자신에게 주어진 일을 열심히 해나갔습니다. 지금이란 시간을 잘 써야 좋은 삶이 주어진다고 믿었던 것입니다. 그는 인쇄업을 하며 새로운 꿈에 도전하였습니다. 그리고 피뢰침을 발명하고 외교관이 되고 정치가가 되었지요. 그는 자신에게 주어진 일을 열심히 하는 것이야말로 새로운 변화를 맞게 된다고 믿었던 것입니다. 그리고 그는 자신의 생각대로 미국역사에 길이 남는 입지전적인 인물이 되었습니다.

만일 당신이 지금보다 나은 삶을 살고 싶다면 주저하지 말고, 당신이 하고 싶은 일에 도전하십시오. 해보지도 않고 후회하는 것보다는 해보는 것이 백 번 천 번 더 자신을 긍정적이게 한다는 것을 잊지 마세요.

자신의 일을 즐겁게 하는 사람들은 대개 능동적인 마인드를 가졌습니다.
자신이 원하는 것을 얻기 위해서는 능동적인 라이프스타일을 지향하십시오.

170

진정한 학문

진정한 학문이란 우리 사회에 깔려 있는 쓰레기 더미와 같은 고정관념을 깨는 일이라고 생각합니다. 그런데 고정된 생각, 고정된 마음을 갖고 있는 교사나 교수들이 있는 한 고정관념은 좀처럼 깨지지 않을 것입니다. 학문을 가르치는 사람들의 생각이 변해야 하고 마인드를 바꾸어야 합니다.

변화하지 않는 것들 즉 고여 있는 사상과 철학,
제도와 관습을 혁신시키는 기능을 가질 때
비로소 진정한 학문으로서의 가치가 부여되는 것입니다.

171

남을 탓하는 것은 서로를 죽이는 일이다

지금 우리 사회는 남을 탓하는 일에 매우 익숙해져 있음을 볼 수 있습니다. 잘 되는 일엔 입을 꾹 다물고, 불만스러운 일엔 거품을 물고 탓합니다. 도대체 남을 세워주고, 치켜 주고, 높여 주는 일엔 인색하기 짝이 없습니다.

정부는 국민을 탓하고, 국민은 정부를 탓한다면 그 나라는 어떻게 되겠습니까. 이는 모두 다 망하자는 것 아니겠습니까.

이런 생각이 공존하는 사회에서는 삶을 즐길 수가 없습니다. 또한 그런 가정에서도 역시 삶을 즐길 수가 없습니다. 진정 즐거운 삶을 살고자 한다면 남을 탓하지 않으며 살아야 합니다.

서로를 탓하느냐 서로를 감싸주느냐 하는 것은
천지 차이의 결과를 가져옵니다.
서로가 잘되고 싶다면 서로를 격려하고 배려하고 칭찬하십시오.

172

그저 되는 것은 없다

그저 오는 기쁨은 없습니다.
또한 그저 이루어지는 성공은 없습니다.
막연히 성공이 찾아오고 기쁨이 찾아오길 기다리지 마세요.
그것처럼 비애에 젖게 하는 일 또한 없으니까요.
작든 크든 어떤 결과를 얻으려면 실행하십시오.
실행할 때만
그 어떤 결과물을
얻게 되는 것이 삶의 법칙입니다.

지극히 작은 일도 실행할 때만 이룰 수 있습니다.
가만히 앉아서는 그 어떤 결과도 이룰 수 없습니다.

그러나
쓰러지지 마라

음모를 숨기고 있는 것들은
겉으론 웃고 있어도
속은 날카로운 칼날을 숨기고 있다

눈에 보이는
저 찬란한 것들의 미혹에 빠져
꼬리가 아홉 개 달린 것도 모르고
넙죽넙죽 받아들이지 마라

그것이 너희 무덤이 되고
굴욕이 될 수 있으리니
탐욕은 언제나 감미롭고 향기로운 것

보이는 것을
보이는 대로 믿지 못하는 것은
너희의 잘못이 아니다
누군가를 쓰러트리지 않으면
내가 쓰러질 수밖에 없는
참담한 눈을 가진 가혹한,

너무나 가혹한 욕망의 비곗덩어리들이
내뿜는 거칠고 드센 횡포인 것을

그러나 쓰러지지 마라
쓰러지는 순간 더는 네가 아니다
살아서 끝까지 살아서
활짝 웃는 향기로운 꽃이 되라

이 세계에 존재하는 모든 승리는
온갖 방해요소를 극복하고 이룬
빛나는 결과인 것입니다.
온 사방 자신을 방해하는 것들 속에서도
쓰러져서는 안 됩니다.

174

나는 떡이 좋다

떡은 예로부터 사람들이 즐겨 먹던 우리나라 대표적 음식입니다. 돌이나 생일, 결혼식 날, 환갑날, 설과 추석 같은 명절엔 예외 없이 떡을 해먹었습니다. 떡은 그 종류도 매우 다양해 열 손가락으로는 수를 헤아리기가 어려울 정도입니다. 대표적으로 몇 가지를 굳이 꼽자면 가래떡, 인절미, 송편, 시루떡, 백설기, 화전, 절편이 있는데 제각기 독특한 맛과 색깔과 모양새를 지녀 사람들의 입맛을 돋웁니다.

나는 떡을 참 좋아합니. 술과 담배를 못하다 보니 군것질로 떡을 자주 먹지만 어린 시절부터 유난히 떡을 좋아했습니다. 팥고물이 켜켜이 놓여 진 시루떡과 인절미같이 찹쌀로 만든 떡을 특히나 좋아합니다.

내 어린 시절 명절이 오면 온 동네가 떠들썩하였습니다. 가난한 시절이었지만 집집마다 떡을 찌느라 굴뚝에선 연기가 엷은 구름처럼 피어오르고, 아이들은 연신 생쥐 드나들듯 부엌을 들락거리며 떡이 익기를 기다렸지요.

"엄마, 아직도 멀었어?"

"그래. 그렇게도 먹고 싶어?"

"응. 근데 왜 빨리 안 익어? 먹고 싶어 죽겠는데……."

"원, 애두. 떡이 익어야 먹지. 그래, 그새도 못 참아? 이따, 많이 줄 테니 나가서 놀아."

"정말이지, 엄마? 형보다 더 많이 줄 거지? 자, 약속."

나 또한 엄마와 새끼손가락을 걸고 약속을 받은 끝에야 나가 놀곤 했습니다. 그러나 그것도 잠깐이고 수시로 부엌을 기웃거렸습니다.

그리고 빼놓을 수 없는 구경거리가 있었는데, 우리 집 뒷집은 동네에서 가장 잘 사는 집이었습니다. 그 집엔 장정들이 열 명쯤 되었습니다. 그래서 그 집엔 명절 때마다 특별 이벤트가 벌어집니다. 넓은 마당엔 멍석 여러 장을 펴 떡판을 올려놓고 고슬고슬하게 잘 익은 떡밥을 떡메로 쳐댑니다. 그러면 그 집 할머니가 바가지 물에 손을 연신 담가 가며 떡판에 붙은 떡밥을 뒤집어 놓습니다. 그 모습을 바라보는 내 가슴은 조마조마하면서도 눈을 떼지 못했습니다. 가슴이 조마조마한 것은 할머니 손이 떡메에 찧을까, 하여 그랬고 눈을 떼지 못한 건 그 모습이 마치 신기한 재주를 부리는 것 같았기 때문입니다. 그리고 더 신기한 것은 이 사람 저 사람 바꿔가며 한참 동안 떡메를 치다 보면 고슬고슬한 떡밥은 찰지고 부드러운 반죽처럼 된다는 것이었습니다. 그러면 그것을 굵은 엿가락처럼 길게 늘어뜨려 칼로 보기 좋게 썰고는 곱게 빻은 콩가루에 묻혀내면 입에서 살살 녹는 인절미가 되었습니다. 구경하던 아이들은 저마다 한 움큼씩 받아들고는 입술과 얼굴을 분칠하듯 먹었지요. 그 맛은 지금도 잊을 수 없습니다.

동네 사람들은 각자 만든 떡을 접시에 담아 집집마다 돌리며 정을 나누는 것을 미덕으로 알았습니다. 떡 접시 나르는 일은 아이들 몫이었습니다. 온 동네 골목길엔 떡 접시를 든 아이들로 가득했지요. 나도 엄마가 담아주는 대로 바람같이 달려가 떡을 배달하였는데, 무슨 큰일이라도 하는 것처럼 어린 마음에도 가슴이 뿌듯하였습니다. 떡 배달을 다 마치고 집에 오면 모양도 가지가지 색깔도 가지가지 맛도 가지가지인 떡이 수북이 쌓여있었습니다. 그러면 이 떡은 누구네 거야? 요 떡은 누구네 거지, 하고 이야기를 나누며 먹는 재미는 떡 맛 그 이상의 의미를 주어 참 흥겨웠습니다. 그러면서 이웃의 따스한 정을 흠뻑 느낄 수 있었지요. 그리고 떡을 나누어 주는 만큼, 꼭 그만큼 생기는 걸 보면 정은 나누는 만큼 쌓아진다는 것을 알 수 있었습니다. 또 거기다 갖가지 떡 뷔페를 즐기는 혜택까지 누렸으니 그 얼마나 아름답고 유쾌한 삶이었던가요.

그런데 2만 불 시대에 살고 있는 지금, 떡은 피자와 케이크에 밀려 푸대접을 받고 있습니다. 아이 어른 할 것 없이 피자와 케이크를 즐겨 먹다 보니 푸근하고 차분한 마음은 사라지고 뭐든지 속전속결로 해야만 하는 근성이 몸에 밴 듯싶습니다. 이를 보면 사람의 성격은 어떤 음식을 즐겨 먹느냐에 따라 민감하게 변하는가 봅니다.

또 예전엔 이사를 하거나 돌이거나 생일엔 떡을 해서 이웃에 돌리면, 받은 사람은 덕담을 하거나 작은 선물이라도 들려 보내며 이웃 간에 정을 쌓았습니다. 하지만 물질적으로 풍요로워진 지금은 떡을 갖다 주면 받으면서도 눈살을 찌푸리고, 심지어는 우린 이런 떡 안 먹는다고 면전에 대고 말한다고 하니 인정이 그만큼 메말랐다는 것입니다.

가난했지만 그래도 지난날이 더 행복했다고 말하는 사람들이 많은 걸 보면 이는 사람 사는 정이 그만큼 그립다는 이야기일 것입니다.

지금도 늦지 않았습니다. 예전에 우리의 선조들이 그랬듯이 떡을 나누어 먹으며 사람 사는 정을 온몸으로 듬뿍 느끼며 사는 우리가 되었으면 합니다.

떡은 예로부터 우리 선조들이 즐겨 먹던 먹거리입니다.
명절이나 집안에 뜻있는 날엔 떡을 해서 나누어 먹었습니다.
떡은 단순한 떡이 아니라 정을 나누고 화목하게 하는
소중한 삶의 양식입니다.

175

소피아 로렌의 성공 비밀

소피아 로렌은 자신의 꿈을 실현시키기 위해 수많은 엑스트라를 하면서도 좌절하지 않았고, 그 어떤 역경 속에서도 희망의 끈을 놓지 않았습니다.
그녀는 가난하게 태어났지만 그녀의 꿈은 언제나 부자였고, 푸르게 빛난다는 것을 한시도 잊지 않고 노력한 열성적 연기파 배우였습니다.

어리석은 자는 환경을 탓하지만, 현명한 자는 자신의 부족함을 탓합니다.
자신의 부족함을 넘어서는 자가 될 때 성공한 자신의 미래를
맞게 될 것입니다.

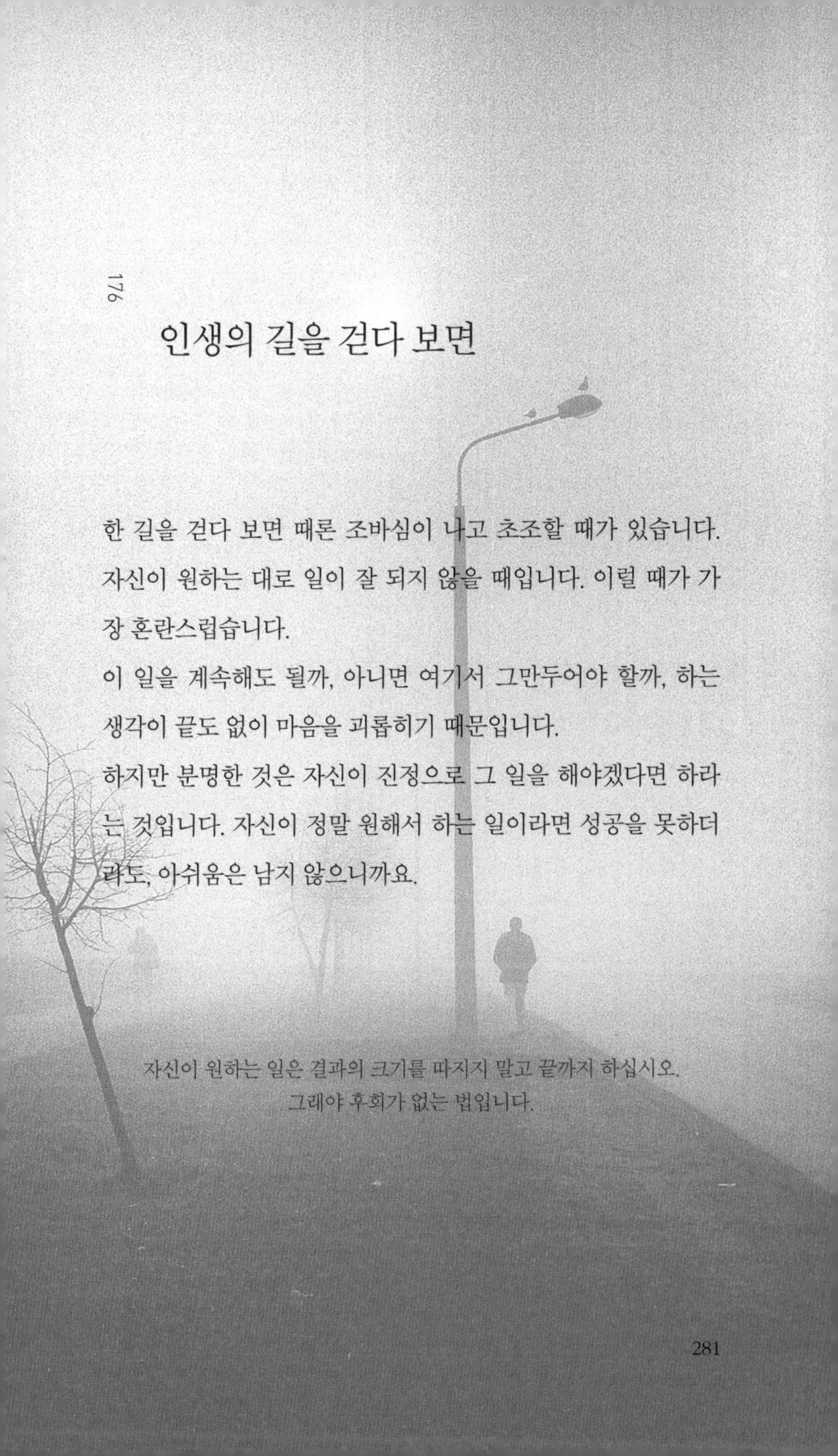

176

인생의 길을 걷다 보면

한 길을 걷다 보면 때론 조바심이 나고 초조할 때가 있습니다. 자신이 원하는 대로 일이 잘 되지 않을 때입니다. 이럴 때가 가장 혼란스럽습니다.
이 일을 계속해도 될까, 아니면 여기서 그만두어야 할까, 하는 생각이 끝도 없이 마음을 괴롭히기 때문입니다.
하지만 분명한 것은 자신이 진정으로 그 일을 해야겠다면 하라는 것입니다. 자신이 정말 원해서 하는 일이라면 성공을 못하더라도, 아쉬움은 남지 않으니까요.

자신이 원하는 일은 결과의 크기를 따지지 말고 끝까지 하십시오.
그래야 후회가 없는 법입니다.

177

갈등을 피하지 마라

인간이란 갈등하면서 그리고 극복하면서 살아가는 존재입니다. 그것은 인간만이 갖는 삶의 특징이며 그런 과정을 거쳐 이뤄낸 일이, 더 가치를 인정받고 빛을 뿜어냅니다.

인간이란 생각의 동물이고 무한한 상상력을 지닌 존재이기 때문입니다. 그런데 갈등 없이 산다면 그것은 로봇과 다를 바가 없습니다.

갈등을 피하려고 하지 마십시오. 갈등과 맞서십시오. 그래야 삶의 다양성을 알게 되고, 발전하는 자신을 발견하게 될 것입니다. 남들이 망설이는 길을 간다는 것은 더더욱 어렵습니다. 그 길은 고독의 길이고, 때론 눈물의 길입니다. 하지만 자신이 꼭 그 길을 걸어가기를 원한다면 그 길을 가십시오.

그것이 참 길이며 후회 없이 사는 길입니다.

살다 보면 뜻하지 않은 일로 갈등하게 됩니다.
갈등의 대상은 사람일 수도 있고, 일일 수도 있습니다.
그러나 갈등을 피하지 마세요.
부딪쳐서 슬기롭게 극복하는 길을 찾아야 합니다.
그러다 보면 갈등은 자연히 해소됩니다.

178

편지

누군가에게
편지를 쓸 대상이 있다는 것만으로도
그 사람은 행복하다

전자우편이 생긴 뒤로는 손편지를 쓰는 사람이 거의 없다고 한다.
손편지에는 사람 냄새가 난다. 정이 느껴진다.
가끔은 가벼운 휴대폰 문자 대신 손편지를 써보라.
상대방은 사람의 정을 듬뿍 느끼게 될 것이다.

179

자신을 소중히 하는 사람 자신을 하찮게 여기는 사람

자신을 스스로 높이고 떠받치면 존귀한 사람이 됩니다. 그러나 자신을 스스로 깎아내리면 하찮고 보잘것없는 사람이 됩니다. 이런 경우를 꽤 많이 보았습니다. 자신을 높이고 떠받치는 사람이 잘되는 이유는 무엇이고, 자신을 함부로 대하는 사람이 보잘것없이 사는 이유는 무엇일까요.

자신을 소중히 여기는 사람은 어떤 일을 함에 있어 최선을 다합니다. 또한 그 어떤 것 하나라도 소홀히 하지 않습니다.

왜 그럴까. 그래야 자신이 잘된다고 믿기 때문입니다. 이런 믿음이 스스로를 잘되게 하는 것입니다.

자신을 하찮게 여기는 사람은 어떤 일을 하는 데 있어 대충대충 하는 경향이 많습니다. 그리고 매사에 신중성이 없습니다. 이렇게 자신을 함부로 대하니 잘될 까닭이 없습니다.

자신을 함부로 여기는 사람치고 잘 되는 사람이 없습니다.
자신이 잘 되고 싶다면 자신을 귀히 여기십시오.
자신을 귀히 여기는 사람은 무슨 일을 해도 최선을 다합니다.
왜냐하면 그것이 자신을 위하는 길이라고 믿기 때문입니다.

180

기회는 반드시 온다

흔히 하는 말로 "골키퍼 있다고 골이 안 들어 가냐?"는 말이 있습니다.

어떻게 공을 차느냐에 따라서, 그리고 어떤 각도에서 공을 차느냐에 따라서 골키퍼가 있어도 골은 들어갑니다.

아무리 현실이 어려워도 그 나름대로의 길을 찾아야 합니다. 찾다 보면 길이 있습니다. 다만 그 길이 자신이 원하는 것만큼 눈에 차지 않더라도, 능동적으로 대처해 나가는 것이 좋습니다. 그러다 보면 그 일을 하는 과정에서 기회를 찾을 수도 있습니다. 살다 보면 그런 경우가 참 많습니다. 그러니까 눈에 차지 않는 길도 걸어갈 땐 걸어가라는 것입니다.

가슴에 세운 뜻을 스스로 무너뜨리지 않는 한, 그리고 주어진 일을 성실히 하는 한 기회는 반드시 오게 돼 있습니다.

기회는 그것을 잡으려고 손을 내미는 자에게 찾아오는 파랑새입니다.
파랑새를 손에 잡느냐 못 잡느냐는 전적으로 자신에게 달려있습니다.

181

성실을 이기는 것은 없다

성공적인 삶을 사는 사람들의 가장 대표적인 성공요건은 성실성입니다. 자신이 원하는 것을 얻기 위해서는 매사에 성실성을 갖는 것이 중요합니다.
성실을 이기는 것은 없습니다.

성실한 사람은 어디를 가든, 어떤 환경에 처하든 자신의 앞가림을 해나가지만 불성실한 사람은 최선의 환경에서도 주저앉고 맙니다.

182

자신에게 진실하기

적어도 자신에게는 진실해야 합니다. 그것이 자신의 인생에 대한 예의입니다. 세상은 편리해지고 모든 것이 더 낫게 진화하고 있지만, 인간이 기본적으로 취해야 할 의식주 문제는 점점 더 어려워지고 있습니다. 비정규직이라는 용어가 난무할 정도로 우리 사회는 급속도로 변화하고 있습니다. 대학을 나온 20대들이 88만 원 세대로 내몰리며, 인생의 쓴맛을 톡톡히 보는 현실입니다. 하지만 그런 자리마저도 경쟁이 치열합니다.

이런 현실을 부정하고 불만에 사로잡혀 될 대로 되라는 식으로 자신을 방치한다면, 결국 낙오되는 사람은 자기 자신입니다. 이럴 때 자신만이 가진 특성이 무엇인지를 되짚어 살펴보는 것, 또한 좋은 기회를 찾는 방법이 될 수 있습니다. 혹여 이 순간 자신을 자책하며 현실을 원망하고 있다면, 잠시 멈추고 자신을 잘 살펴보는 시간을 가져보세요. 아무리 힘들고 고달파도 자신의 인생입니다. 자신의 인생을 자신이 살피지 않는다면 누가 살펴주겠습니까. 냉정한 말처럼 들릴지도 모르겠습니다. 그러나 자신에게 냉정해져야 합니다. 냉정해지지 않으면 더 이상 변화의 기회조차 갖지 못하게 될 것입니다.

자신에게 진실하지 않으면 그 누구에게도,

그 어떤 것에도 진실할 수 없습니다.

진실은 모든 것을 가능하게 하는 라이프 키입니다.

183

자아를 일깨우기

삶을 즐기며 사는 사람들은 자아를 일깨우는 일에 매우 적극적입니다. 자아를 일깨운다는 것은 자기 발전을 의미합니다. 깨닫는다는 것은 지금보다 나은 길로 가는 것입니다.

그런데 자아를 일깨우는 일에 등한시하거나 무시한다면 자기 발전은 있을 수 없습니다. 자신을 그대로 묵혀두는 자아는 죽은 자아입니다. 숨을 쉬고, 말하고, 웃고, 운다고 해서 산다고 할 수 없습니다. 자아가 깨어야 진정으로 사는 것입니다. 그래야 발전도 있고, 기쁨도 있고, 행복도 있는 것입니다.

나는 누구인가,
나는 지금 무엇을 원하는가 하는 등의 물음은 반드시 필요합니다.
이런 물음은 자아를 일깨우게 하고 자신의 삶을 지금보다
나은 길로 이끌어가게 합니다.

184

남과 다른 길을 가라

남의 것을 흉내 내고 좇아가는 사람은 늘 남의 뒤만 졸졸 좇아갑니다. 하지만 자기만의 시각을 갖고 가는 사람은 자신의 길로만 갑니다. 물론 가다 보면 포기하고 싶을 때도 있고, 내가 왜 스스로 생고생을 해야 하나, 하는 생각도 들 것입니다.

그러나 그래도 가야 합니다. 그것이 자신을 위하는 길이며 자신을 찾는 길이기 때문입니다. 편히 갈 입장이면 좋지만 편히 갈 생각은 하지 마세요. 편히 가는 길은 함정과 같아서 자신을 구렁텅이로 끌고 갈 수도 있음을 유념하지 않으면 안 됩니다.

그것이 자신을 진정으로 위하는 길입니다.

자신만의 색깔을 갖고 자신만의 길을 가는 것처럼 멋진 일은 없습니다. 왜냐하면 그것은 온전히 자신의 모습을 보여줄 수 있는 절호의 기회이기 때문입니다.

185

모든 것에
가능성을 열어두기

내가 속한 문학인 모임에서의 일입니다. 그곳엔 시, 아동문학, 소설, 수필 등 다양한 장르를 하는 문인들이 있습니다. 그런데 어떤 문제를 논의할 때 보면 항상 대립이 되곤 합니다. 대립이 된다는 것은 좋은 의미에서 보면, 좀 더 색깔이 다른 의견을 냄으로써 더 나은 결과를 얻을 수 있다는 것입니다.

하지만 나쁜 측면에서 보면 감정을 상하게 하여 문학 모임 판을 어색하게 만듭니다. 여기서 보다 중요한 문제는 대립을 일으키는 사람이 분위기를 어색하게 만든다는 것입니다. 그 사람의 성향을 짚어보면 늘 부정적인 생각으로 일관합니다. 해보지도 않고 무조건 안 되는 쪽으로만 생각합니다.

이런 마인드는 자신뿐만 아니라 주변 사람들까지 나쁜 영향을 미칩니다. 그래서 사람들은 그와 함께하는 것을 그리 달가워하지 않습니다.

이런 부정적인 마인드로는 그 어떤 일도 즐겁게 할 수 없습니다. 좋은 결과를 얻기 위해서는 항상 긍정적인 마인드로 모든 것에 가능성을 열어두십시오.

사람이 살아가는 길은 일정하지 않습니다. 길은 다양하게 열려 있습니다.
그러므로 항상 모든 것에 가능성을 열어두면 더 많은 기회가
주어지게 됨으로 보다 나은 선택을 할 수 있는 것입니다.

구월 어느 날 하늘을 바라보니 푸르다 못해
금방이라도 푸른 물이 뚝뚝 흘러내릴 것만 같았습니다.
그 맑은 느낌이 얼마나 좋던지 하루 종일 내내 가시지 않더군요.
우리의 삶도 이처럼 투명하고 맑았으면 좋겠습니다.

186

구월 하늘

숨이 막히도록
하늘이 푸르다
좋다
마냥 마음이 맑고 너그러워진다
사랑하는 이를 바라보는 것처럼
사랑하는 마음이 새록새록 돋는다
혼자 보기가 아까워
친구에게 전화를 걸어
"저, 하늘 좀 봐라 눈물 나게 좋지?" 하니
"넌 좋겠다,
이순을 넘긴 나이에 동심을 갖고 사니." 한다
사랑하는 사람 맑은 얼굴을 바라보듯이
구월,
하늘이 마냥 좋아서
보고 또 보고 또 바라본다

누가 내 곁에 있으면 참, 좋겠다

187

사랑이 나에게 가르쳐 준 것들

사랑은 겸손을 말하네
나를 앞세우지 말고
사랑하는 이의 뒤편에 서서
사랑하는 이를 높여주는 것이라네

사랑은 믿음을 일러 말하네
믿음은 사랑으로 오고
그 믿음으로
사랑은 키가 자라네

사랑은 용서를 말하네
분노하는 마음이 이성을 잃게 해도
마음을 가다듬어
차분히 용서를 하라 하네

사랑은 침묵을 일러 말하네
말이 앞서 사랑하는 이 마음에
상처를 남기지 말고
침묵으로 평안을 주라 하네

사랑은 칭찬을 말하네
작은 일에도 칭찬을 아끼지 말고

사랑하는 마음을 담아
미소 지으며 칭찬을 하라 하네

사랑은
나를 드러내지 않으며
한 발 물러서서 바라보게 하고
서두르지 아니하며
탐내지 않으며
차분히 기다리는 마음이라네

사랑은
최악의 상황에서도
슬픔은 안으로 삭이고
고통은 나누며
격려와 용기를 주는 것이라네

사랑은
모든 것을 포용하며
모든 것을 참으며
모든 것을 배려하는
생의 원천이라네

사랑이 떠나간 삶은 생각조차 하기 싫습니다.
생각하는 것만으로도 참혹한 마음이 들게 하기 때문입니다.
사랑은 이 세상의 모든 것입니다.

188

혜화동
지하철에서

혜화동에서 충무로 가는
지하철 안에서
육십이 거반 되어 보이는
머리 희끗한 남자가
머리에 머리띠를 두르고
가방 가득 담긴 머리핀이며 옷핀을
투박한 손으로 가지런히 정리한다
사람들 눈길이 화살처럼 날아가 박혀도
그런 것 따윈 안중에도 없다는 듯
손놀림이 몹시 경쾌하다
그러는 중에도 언뜻언뜻 주위를 살핀다
지하철 경찰이나 직원을 살피는 것이다
산다는 건 누군가에겐 질리도록 넘쳐나고
또 다른 누군가엔
떨어지는 빗방울처럼 눈물겨운 것이다

어느 날 혜화동 지하철 안에서 본 풍경입니다.
사람이 많은 지하철 안에서 본 남자의 모습에서
삶이란 왜 이토록 누군가에겐
질리도록 모진 것인가에 대해 생각했습니다.
바람이 있다면 모두가 마음 편한 세상을 살았으면 합니다.

생이 깊어진다는 것은 단순히 나이를 먹는다는 것이 아닙니다. 자신의 존재가치를 확실하게 보여주는 것입니다. 그러기 위해서는 자신을 자신답게 해야 합니다. 이는 곧 자아를 실현하는 것을 말하며, 도덕적으로나 사회적으로나 자신에 대해 책임지는 일입니다.

그런데 지금 우리 사회는 서로 화합하기보다는 분쟁을 선도하는 이들로 인해 개인의 삶은 물론 이웃과 사회가 흔들리고 있습니다. 이것은 모두를 불행하게 하는 매우 위험한 일입니다. 사회 곳곳에 도사리고 있는 불신을 뿌리 뽑고 지금보다 나은 내일을 위해서는 서로 함께하는 노력이 필요합니다.

우리가 지금 해야 할 것은 서로 참고 배려해야 합니다. 미움과 시기를 버리고 사랑하는 마음을 가져야 합니다. 자신이 하는 일을 좀 더 즐겁게 하는 것입니다. 잘못은 용서하고 화해하는 것입니다. 삶을 좀 더 사랑하고 뜨겁게 끌어안고 사는 것입니다. 서로 나누고 격려하는 것입니다. 책임을 회피하지 않고 권리와 의무를 다하는 것입니다.

물론 이렇게 한다는 것이 쉽지 않습니다. 그러나 나와 너, 내 가족, 모두를 위해 그렇게 했으면 좋겠습니다. 무슨 일이든 그냥 이루어지지 않습니다. 그만한 대가를 치러야만 이룰 수 있습니다.

우리는 누구나 행복하게 살 권리가 있습니다. 그런데 그 행복은 남이 주는 것이 아니라 내가 만드는 것입니다. 각자인 내가 자신의 행복을 위해 노력할 때 모두가 행복해지는 것입니다.

지금보다 더 많이 사랑하고, 더 많이 행복하고, 더 많이 즐거운 내가 되십시오. 또한 더 많이 웃고, 더 많이 배려하고, 더 많이 나누고, 더 많이 배우고, 더 많이 용서하고, 더 열정적으로 살아야 하겠습니다.

문득 올려다본 하늘이 눈부실 만큼 파랗습니다. 저 푸른 하늘처럼 날마다 누군가에게 소중한 의미가 되고, 꿈이 되고, 사랑이 되기 바랍니다. 이것이야말로 가장 아름다운 삶이며 행복한 인생이 되는 길입니다.

생이 깊어질수록 삶을
뜨겁게 뜨겁게 끌어안고 살자
짜증 나고 화나는 일도 조금씩만 더 참고
미워하고 시기하는 일도 조금씩만 더 줄이고
사랑하는 사람들을 위해 기도하자

남은 생이 짧아질수록
내가 하고 싶은 일을 조금만 더 신나게 하고
사랑하는 사람을
조금만 더 열정적으로 사랑하자

생은 되돌아 흐르지 않는 강물처럼
한 번 가버리면 그만이지만
가는 세월도 되돌려 부둥켜안고
서로를 보듬어 용서하고 화해하고
조금만 더 즐기고 조금만 더 행복하게 살자

생이 우리 곁을 떠나 저만치 멀어질수록
조금은 더 역동적으로
조금은 더 꿈을 꾸면서
조금은 더 의연하게 양보하며 살자

생이 깊어질수록
눈물의 깊이는 더욱 깊어지는 것
그리하여 조금은 더 웃으며 손을 내밀어
지워도 지워도
다시 지우려 해도
지워지지 않는 사랑의 별이 되자

김옥림 〈생이 깊어질수록〉